1809 DER TIROLER FREIHEITSKAMPF

Gert Ammann - Michael Forcher

In Bildern von Franz v. Defregger und Albin Egger-Lienz

Eine Ausstellung des Arbeitskreises Meran
in Zusammenarbeit mit der Südtiroler Landesregierung,
dem Meraner Museum und der
Kurverwaltung Meran.

Kurhaus Meran
31. März - 30. Juni 1984

verlag tappeiner

Redaktion:
Dr. Ing. Siegfried Unterberger
Gestaltung der Ausstellung in Meran:
Dr. Arch. Christine Unterberger

1984

Umschlagentwurf: R. Prünster, Bozen
ISBN 88-7073-019-0

Organisation der Ausstellung:

ARBEITSKREIS MERAN

in Zusammenarbeit mit der Südtiroler Landesregierung, dem Meraner Museum und der Kurverwaltung Meran.

Förderer

Südtiroler Landesregierung
Gemeinde Meran
Volksbank Meran

Ehrenschutz

Landeshauptmann Dr. Silvius Magnago
Landesrat Dr. Franz Spögler
Landesrat Dr. Anton Zelger

ARBEITSKREIS MERAN

Dr. Ing. Siegfried Unterberger
Franz Alber
Gunther Erhart
Rag. Manfred König
Dr. Udo Perkmann
Karl Putz
Dr. Georg Schedereit
Hermann Schnitzer
Jakob Tappeiner
Dr. Arch. Christine Unterberger

Der Arbeitskreis Meran dankt allen Förderern und Mitarbeitern für die Unterstützung, insbesondere der Volksbank Meran.

Leihgeber

Staatliche Museen Preußischer Kulturbesitz,
Nationalgalerie, Berlin
Bayerische Staatsgemäldesammlungen, München
Tiroler Landesmuseum Ferdinandeum, Innsbruck
Bergisel - Museum, Innsbruck
Museum Schloß Bruck, Lienz
Sammlung Georg Schäfer, Obbach
und andere private Leihgeber

Inhalt

GELEITWORT

Der Idee, aus Anlaß des ''Tirol Gedenkjahres 1984'' in der alten Tiroler Landeshauptstadt Meran eine Ausstellung von Werken der beiden Tiroler Maler Franz Defregger und Albin Egger Lienz durchzuführen, kommt in mehrfacher Hinsicht ein bedeutsamer Stellenwert zu.

Handelt es sich bei Defregger und Egger Lienz zugegebenerweise um zwei Künstler mit manchen Eigenwilligkeiten, so zählen sie doch zu den größten Volksporträtisten, die Tirol im Laufe der Zeiten auf dem Gebiet der bildenden Kunst geschenkt waren. Denn sowohl in ihrem historisierenden Wirken als auch im sogenannten zeitgenössischen Schaffen haben beide Land und Leute am Inn, an der Etsch, an der Oberen Drau mit einem so hoch entwickelten Einfühlungsvermögen festgehalten und mit einer so stark ausgeprägten Tiefenpsychologie dargestellt, daß man beide im wahrsten Sinne des Wortes als ''malende Anwälte'' des Volkes von Tirol bezeichnen könnte.

Die Ausstellung in Meran, der ein weiterer beachtlicher Stellenwert auch insoferne zukommt, als daß dort eine Reihe von Bildern gezeigt werden, die über verschiedene Museen verstreut sind und die in dieser Zusammenstellung wohl noch nie zu sehen waren, weist aber auch noch ein ganz spezifisches, tirolbezogenes Wesensmerkmal im Zusammenhang mit dem ''Tirol-Jahr 1984'' auf. Sie ist nämlich im höchsten Maße dazu geeignet, den Gedenk- mit dem Bedenk-Charakter des Jahres 1984 in sich zu vereinen. Unser Land will in diesem Jahr zwar der Ereignisse von anno 1809, die zur Gegenwart einen viel größeren Bezug haben, als manche glauben wollen, gedenken, es will aber nicht weniger unser Heute und seine gesellschaftlichen, kulturellen sowie politischen Komponenten bedenken und sich ihrer besinnen. Anhand dieser weltberühmten Gemälde, die die gequälte und gepeinigte Tiroler Erde ebenso darstellen wie die Trauerstimmung und die Festesfreude seiner Bewohner, wird am deutlichsten spürbar, daß die Bewältigung der Gegenwart nicht ohne Beschäftigung mit der Vergangenheit möglich sein kann. Gedenk- und Bedenk-Charakter des Jahres 1984 verschmelzen in dieser Ausstellung so sehr ineinander, daß ich geneigt bin, diese Gemäldeschau zu den wertvollsten Initiativen im ''Tirol Gedenkjahr 1984'' zu zählen.

So möchte ich abschließend dem ''Arbeitskreis Meran'' mit Herrn Dipl.Ing. Dr. Siegfried Unterberger an der Spitze meinen aufrichtigen Dank für ihre Bemühungen im Zusammenhang mit der Organisation dieser Schau zum Ausdruck bringen und damit den Wunsch verbinden, daß möglichst viele Landsleute von Nord-, Ost- und Südtirol diese Ausstellung mit Gewinn besuchen mögen.

Bozen, im Jänner 1984

DER LANDESRAT FÜR SCHULE UND KULTUR

- Dr. Anton Zelger -

Das Jahr 1809 - die historischen Fakten

Eine Zusammenfassung von Dr. Michael Forcher

Im Dezember 1805 mußte Österreich als Folge eines verlorenen Krieges gegen Frankreich das Land Tirol an das mit Napoleon verbündete Königreich Bayern abtreten (Friede von Preßburg). Die Tiroler brachten den neuen Herren von Anfang an wenig Liebe entgegen. Radikale und unkluge Maßnahmen der Bayern steigerten Unmut und Verbitterung. Sie erhöhten den Steuerdruck, richteten die Verwaltung straff zentralistisch aus, hoben die altehrwürdige Landesverfassung samt allen damit verbundenen Sonderrechten der Tiroler auf, brachen auch sonst vollkommen mit jeder Tradition, ja selbst der Name Tirol verschwand. Religionspolitische Maßnahmen im Sinne der Aufklärung und ein regelrechter Kirchenkampf empörten die konservative Bevölkerung. Außerdem wirkten Sturheit und Übermut der aus Bayern herbeigeholten Beamten demütigend und aufreizend. Die Einführung der Dienstpflicht beim bayerischen Militär und gewaltsame Rekrutierung sollten schließlich die Volkswut zum Kochen bringen.

Viele Gründe mußten zusammenkommen, um den Aufstand der Tiroler gegen die bayerische Fremdherrschaft auszulösen. Keiner allein hätte ausgereicht. Ausschlaggebend war letztlich wohl, daß die Tiroler unter Bayern nicht Tiroler bleiben durften, daß man sie mit allen Mitteln zu Bayern machen wollte. Nicht übersehen darf man, daß die Mißstimmung im Lande vom wiederaufgerüsteten und kriegsbereiten Österreich kräftig geschürt wurde. In heimlicher Absprache zwischen Tirol und Wien wurden Aufstandspläne geschmiedet. Zugleich mit dem Beginn eines neuen Krieges Österreichs gegen Napoleon und seine Verbündeten sollten die Tiroler losschlagen.

Anfang April 1809 war ganz Tirol zur Erhebung bereit. Nur die Innsbrucker waren von der allgemeinen bayernfeindlichen Stimmung nicht berührt. Denn die großteils liberale Stadtbevölkerung hatte gegen die meisten Maßnahmen der bayerischen Regierung wenig oder gar nichts einzuwenden. Wer dennoch treu österreichisch gesinnt geblieben war, wollte lieber auf einen Wechsel im Kriegsglück warten, als seine Hoffnung auf einen aussichtslosen Kampf gegen Napoleons erprobte Heere zu setzen und für das Land Kriegselend und Strafgerichte heraufzubeschwören. Die meisten Innsbrucker waren dann auch, als die Kämpfe rund um ihre Stadt herum mit besonderer Heftigkeit tobten, nicht viel mehr als leidgeprüfte und angsterfüllte Zuschauer.

Am 9. April 1809 war es soweit: Österreich erklärte Frankreich und seinen Verbündeten den Krieg. General Chasteler überschritt im Drautal die bayerische Grenze. Schon einen Tag vorher hatte Erzherzog Johann in Villach eine Urkunde unterzeichnet, mit der Österreich Tirol wieder in Besitz nahm. Sein Berater in Tiroler Fragen, der aus Innsbruck stammende Historiker und Staatsbeamte Josef Freiher von Hormayr, der zum "Intendanten" für das wiedereroberte Land ernannt worden war, hatte auf eine frühzeitige Verlautbarung eines solchen "Besitzergreifungspatentes" großen Wert gelegt, damit sich die Tiroler nicht mehr als bayerische Untertanen fühlen mußten, sondern als Österreicher. Wer nun gegen Bayern kämpfte, war demnach kein Rebell, sondern ein Angehöriger eines militärischen Aufgebotes, wie es in der alten Tiroler Landesordnung für den Kriegsfall vorgesehen war.

Hormayr verstand sich überhaupt bestens auf "psychologische Kriegsführung". In kürzester Zeit kursierte im ganzen Land österreichisches Propagandamaterial, das noch vorhandene Skrupel und Bedenken gegen einen Aufstand beseitigen sollte. Die Tiroler hätten ein Recht auf Notwehr, hieß es da, ja sie seien sogar verpflichtet, heiligste Werte zu verteidigen. Auch wurde behauptet, daß Bayern den Friedensvertrag gebrochen habe, als es die Tiroler Verfassung beseitigte. Der bayerische König habe auch ein diesbezüglich abgegebenes Versprechen gebrochen - was stimmt! - und habe deshalb rechtlich und moralisch den Anspruch auf Tirol verwirkt. Die Tiroler seien ihm nicht mehr zur Treue verpflichtet.

Bei der Kunde vom Kriegsausbruch erhoben sich überall in Tirol bewaffnete Bauernscharen, nahmen mißliebi-

Der ''kleine Mann'' war Hauptperson beim Freiheitskampf von 1809. Es war eine wirkliche Volkserhebung. Dementsprechend gestaltete der zeitgenössische Maler Jakob Placidus Altmutter auch keine heroische Heldenszenen, sondern reportagehafte Augenzeugenschilderungen des Geschehens und stellte den ''Alltag'' von Anno Neun in den Mittelpunkt, etwa hier den Abschied eines Landesverteidigers.

ge Beamte gefangen und überwältigten oder vertrieben die schwachen Militäreinheiten. Einen gemeinsamen Oberbefehl gab es nicht, ja selbst bei Einzelaktionen fehlte oft eine wirkliche Führung. Die schwersten Kämpfe ereigneten sich am 11. und 12. April um und in Innsbruck, wo die zahlenmäßig sehr kleine bayerische Besatzung besiegt und gefangengenommen wurde und einen Tag später eine über den Brenner kommende französische Abteilung kapitulieren mußte.

Im befreiten Land versuchte Intendant Hormayr als Vertreter der zivilen Gewalt eine geordnete österreichische Verwaltung in Gang zu bringen. General Chasteler oblag die militärische Sicherung des errungenen Erfolges. Im Süden Welschtirols standen noch die Franzosen, Kufstein blieb in bayerischer Hand. Doch der österreichische General hatte weiter ausgreifende Pläne und erließ einen Aufruf an die Tiroler, sich für Ausfälle nach Bayern zur Verfügung zu stellen und dort nicht nur die Verbindung mit der vorrückenden österreichischen Armee zu suchen, sondern in den Dörfern und Märkten Kontributionen einzutreiben. Da es in Innsbruck nichts mehr zu tun gab, waren die aufgeputschten Sturmmassen nur zu gerne bereit, dieser indirekten Aufforderung zum Plündern in Feindesland nachzukommen. Verantwortungsbewußte Schützenhauptleute erkannten die Gefahr und schickten alles nach Hause, was nicht zu den organisierten Kompanien gehörte. Dennoch folgten den von Scharnitz aus nach Bayern vordringenden Soldaten und Schützen, die sich diszipliniert verhielten und ihre Forderung an die Bevölkerung in Grenzen hielten, ganze Scharen von Landstürmern, die plündernd und raubend über die Bevölkerung herfielen. Die Führer der regulären Einheiten waren entsetzt, ebenso die in Innsbruck zusammengerufenen Vertreter der Stände, die als Schutzdeputation gemäß der alten Tiroler Verfassung für die Organisierung und Leitung des Volksaufgebotes zuständig waren. Echte Tiroler, so verkündete dieses Gremium, dürften mit Räubern nichts zu tun haben, denn nicht Völker führten den Krieg, sondern nur feindliche Armeen, und die Tiroler wollten mit ihren lieben Nachbarn in Ruhe leben.

Um den Angriffen aus Tirol nicht schutzlos ausgeliefert zu sein, befahl der bayerische König, dessen ganze Armee ja Napoleon zur Verfügung stehen mußte, die Errichtung von Reservebataillons und eines Gebirgsschützenkorps aus der Grenzbevölkerung. Sonst konnte die bayerische Regierung in bezug auf Tirol nichts unternehmen. Man mußte abwarten, was Napoleon zu tun gedachte. Der Franzosenkaiser hatte inzwischen die Österreicher aus Bayern zurückgedrängt und marschierte in Richtung Wien. Er wollte jedoch keinen Unruheherd im Rücken und gab seinem Marschall Lefebvre den Befehl, mit zwei bayerischen Divisionen Tirol wieder zu unterwerfen. Die Aufgabe schien nicht schwierig zu sein.

Die ahnungslosen Tiroler hatten die Grenzpässe nur schwach besetzt. Dennoch stieß Lefebvre am 11. Mai mit über 10.000 Mann am Paß Strub bei Lofer auf erbitterten Widerstand. Neun Stunden wurde gekämpft. Die Bayern verloren rund 1000 Mann an Toten und Verwundeten, bevor der Durchbruch endlich gelang. Die Soldaten waren wütend. Aufgehetzt durch wochenlange Propaganda, die die Tiroler als treulose Empörer und gnadenlose Unmenschen hinstellte, die es "auf das schrecklichste zu züchtigen gelte", wie es in einem Flugblatt hieß, ließen sie sich bei dem nun folgenden Marsch über St. Johann nach Wörgl zu ärgsten Ausschreitungen hinreißen. Da wurde geplündert, Feuer gelegt, gemordet, daß den Offizieren schauderte. Sie hatten die Kontrolle über ihre Mannschaft verloren. Beim Eingang ins Zillertal kam es erneut zu Kämpfen und zu Ausschreitungen. Dann wurde Schwaz erobert und in Brand gesteckt. Von den 425 Häusern des Ortes blieben nur fünf übrig. Alle anderen waren in rauchende Trümmerhaufen verwandelt. Auch Vomp und viele andere Orte der Umgebung waren niedergebrannt.

Der Feuerschein und die Kunde vom brutalen Wüten der Bayern hatte weitum Schrecken verbreitet, noch mehr aber Zorn und Haß. "Rache für Schwaz" wurde fast zu einem Losungswort für die folgenden Kämpfe. Erst die Grausamkeit des Feindes weckte in der bereits entmutigten bäuerlichen Bevölkerung erneut die Widerstands-

Die Eroberung der Innbrücke durch die aufständischen Bauern am 12. April 1809 und ihr Eindringen in die Altstadt in einer Darstellung von Jakob Placidus Altmutter.

Die Bergiselschlacht vom 13. April 1809, die Jakob Placidus Altmutter unmittelbar hinter den bayerischen Linien miterlebte und in Skizzen festhielt. Später entstand daraus dieses Aquarell. Man sieht von den Wiltener Feldern aus, wo sich die bayerischen Bataillone formieren und die Artillerie aufgestellt ist, die im Zentrum der Kämpfe liegenden Hänge, Ansitze und Wege unmittelbar westlich der Bergkuppe, die heute als Bergisel bekannt ist. Vergeblich berennen die von französischen Offizieren und Generälen angetriebenen Bayern die von den Tiroler Schützen besetzten Anhöhen.

bereitschaft. Während es im Inntal zunächst zu einer Kampfpause kam und die bayerischen Truppen in Innsbruck einzogen, rief südlich des Brenners der Passeirer Sandwirt und Schützenhauptmann Andreas Hofer dazu auf, dem "nördlichen Vaterland" Hilfe zu bringen und die "Mordbrenner" zu vertreiben. Auch Freiherr von Hormayr und andere Anführer der Volkserhebung waren für einen Marsch nach Innsbruck. Doch General Chasteler war dafür nicht zu gewinnen. Er zog über das Pustertal ab und ließ nur einen kleinen Rest seiner Truppen in Tirol zurück.

Als von Innsbruck die Kunde ins Tiroler Hauptquartier nach Sterzing gebracht wurde, daß General Lefebvre seine Aufgabe in Tirol offenbar für beendet hielt und mit einem Teil der Truppen abzog, entschied ein Kriegsrat am 23. Mai für den Angriff. Andreas Hofer, der von den Schützen und Landsturmabteilungen der südlichen Täler bereits allgemein als ihr Oberkommandant betrachtet wurde, schickte zum ersten Mal seine markig formulierten "Laufzettel" in alle Teile des Landes. Schon am nächsten Tag strömten von überall her bewaffnete Scharen in Sterzing zusammen. In den Morgenstunden des 25. Mai traf das etwa 5000 Mann starke Bauernheer in Matrei ein und begann mit der Besetzung der Berghänge südlich von Innsbruck, deren Mittelstück von der Sillschlucht bis zum Anstieg nach Natters damals als Bergisel bezeichnet wurde, ein Name, der heute nur mehr für den Hügel am Ausgang der Sillschlucht üblich ist. Vom Unterinntal führte Schützenhauptmann Speckbacher etwa 1000 Mann heran.

Einen Schlachtplan hatten die Tiroler nicht. "Was habe ich denn zu tun, worauf ist eigentlich unser Operationsplan gegründet?" fragte der Hauptmann der Villanderer Schützenkompanie, Dr. Anton von Gasteiger, den Oberkommandanten Andreas Hofer, als der ihn an der Matreier Weggabelung aufs südöstliche Innsbrucker Mittelgebirge schickte. "Wenn ihr die Bayern trefft, so schlagt drauflos und werft sie über den Berg hinab!" lautete des Sandwirts Antwort. Dieses einfache taktische Konzept sollte sich bewähren. Am frühen Nachmittag kam es zu den ersten Zusammenstößen mit bayerischen Vorposten und Aufklärungstrupps. Bald darauf waren die rund 6000 bayerischen Soldaten, die unter General Deroy in Innsbruck geblieben waren, auf breiter Front in heftige Kämpfe verwickelt. Die erste Bergiselschlacht war in vollem Gange, dauerte jedoch nur wenige Stunden, die einbrechende Nacht und ein heftiger Gewitterregen trennten die Kämpfenden, ohne daß es eine Entscheidung gegeben hätte. Die Bayern hatten die Ebene, die Tiroler die Berghänge behaupten können.

Trotz der allgemein gedrückten Stimmung wollten die Tiroler noch einmal die Schlacht wagen. In alle Richtungen schickte Andreas Hofer seine Zettel, um Verstärkung herbeizurufen. Vor allem die Oberinntaler, die beim erstenmal gefehlt hatten, wurden diesmal dringend gebraucht. Am 29. Mai 1809 in der Früh griffen die Tiroler auf der ganze Front von Volders bis Kematen an. Zuerst waren die bayerischen Truppen ganz in die Verteidigung gedrängt, dann berannten sie ihrerseits die Berghänge. Vergeblich. Ihre Verluste waren groß. Am Abend wurde die Situation für Deroy bedrohlich. Daß er den Beschluß faßte, im Schutze der Nacht heimlich abzuziehen, entspricht den damaligen Gepflogenheiten der Kriegsführung, die kein "Bis-auf-den-letzten-Mann-Kämpfen" kannte. Wer hoffnungslos eingeschlossen war, ergab sich. Am besten war es aber, man ließ es gar nicht so weit kommen: Im Schutze der Dunkelheit, Wagenräder und Pferdehufe mit Fetzen umwickelt, um Lärm zu vermeiden, zogen die Bayern durch das Unterinntal ab.

Zum zweiten Mal hatten die Tiroler die Bayern aus dem Land vertrieben. In den Jubel und in die Begeisterung mischten sich freilich auch besorgte Stimmen: Wie sollte es weitergehen? Waren die großen Opfer nicht doch umsonst? Wer machte den unermeßlichen Schaden wieder gut? Zwar hatte Österreich inzwischen bei Aspern gegen Napoleons Armee eine Schlacht gewonnen, doch war dies keine Entscheidung. Die allgemeine Unsicherheit und die auftauchenden Zweifel nützte der außer Landes geflohene bayerische Salinendirektor Utzschneider für einen Versuch, die führenden Tiroler Persönlichkeiten zu einem Aufgeben weiteren Widerstandes zu bewegen. Er schrieb unzählige Briefe, verfaßte Flugschriften, knüpfte persönliche Verbindungen - all das zuerst auf eigene Faust, dann aber mit ausdrücklicher königlicher Billigung. Dabei ging er psychologisch nicht unklug vor und schonte den österreichischen Patriotismus der Angesprochenen: "Wäre Österreich von Tirol zu retten, so würde ich schweigen, aber ich sehe keine Rettung; also kommen wir zusammen und retten wir wenigstens Tirol." So hieß es in einem der Briefe. In einem anderen ließ er wissen, daß die Franzossen eine neue Invasion gegen Tirol planten, der bayerische König aber Tirols Zerstörung verhindern wolle. Im Namen des Königs versprach er volle Verzeihung, eine Unterstützung für alle im Krieg Geschädigten, eine Verminderung der Lasten, die Wiedereinführung einer ständischen Verfassung und anderes mehr. Alle Friedens- und Versöhnungsangebote des bayerischen Beamten wurden jedoch von der Tiroler Führung als unglaubwürdig zurückgewiesen.

Die militärische Lage an der tirolisch-bayerischen Grenze glich haargenau der von Anfang Mai: Kufstein war in bayerischer Hand verblieben; von Reutte, Scharnitz und vom Achenpaß aus kam es gegen den Willen der Innsbrucker Schutzdeputation zu zahlreichen Ausfällen und Raubzügen ins bayerische Grenzland. Wieder bot die königlich-bayerische Regierung Reserveeinheiten und Freiwillige auf, um die Strecke von Tegernsee bis Murnau decken zu können. Tatsächlich wurde den Tirolern auf bayerischem Boden so manche Schlappe zugefügt.

In München mußte man abwarten, was der Franzosenkaiser bezüglich Tirol unternehmen wollte. Napoleon war am 21. und 22. Mai bei Aspern und Eßlingen von der österreichischen Armee unter Erzherzog Karl besiegt worden, konnte jedoch, da die Österreicher ihren Erfolg nicht entschieden genug nützten, seinerseits die Österreicher bei Wagram schlagen und sie zu einem Waffenstillstand zwingen, der am 12. Juli in Znaim unterzeichnet wurde und Tirol neuerlich den Feinden Österreichs auslieferte. Die Kunde davon wurde in Tirol zunächst nicht geglaubt, vor allem da Kaiser Franz erst am 29. Mai "seiner getreuen Grafschaft Tirol" feierlich versichert hatte, nie mehr einen Frieden unterzeichnen zu wollen, der das Land von Österreich trennt. Nun war freilich ein Waffenstillstand noch kein Friedenschluß, und der Vertrag von Znaim, von dem die Tiroler alsbald und unzweifelhaft auch offiziell in Kenntnis gesetzt wurden, enthielt ja "nur" die Bestimmung, daß Tirol von den Österreichern geräumt werden müsse. Von einer neuerlichen Besetzung durch Bayern und Franzosen war nicht ausdrücklich die Rede, was einige Optimisten weiter hoffen ließ.

In Wahrheit hatte natürlich Napoleon andere Absichten. Seinen eigenen Worten zufolge hatte er den Waffenstillstand überhaupt nur abgeschlossen, um mit den Tirolern abrechnen und das rebellische Land endgültig unterwerfen zu können. Rund 20.000 Mann wollte er abstellen, um sie von vier Seiten ins Land eindringen zu lassen. Das Oberkommando erhielt wiederum General Lefebvre: "Seien Sie schrecklich", hieß es in Napoleons Befehl. Geiseln sollten genommen und zur Abschreckung mehrere Dörfer angezündet werden. Zum Glück für die Tiroler nahm Lefebvre seinen Kaiser nicht wörtlich. Auch Bayerns Kronprinz Ludwig, dessen Division mit Lefebvre nach Tirol geschickt wurde, wollte von Racheakten und Strafsanktionen nichts wissen und gab dem General, der ihn an der Spitze der Truppen vertrat, einen entsprechenden Auftrag. Tatsächlich kam es bei der Besetzung des Inntals in den letzten Julitagen zu keinerlei Übergriffen oder Grausamkeiten der Soldaten. Dies hängt natürlich auch damit zusammen, daß sie auf keine Gegenwehr stießen.

Zugleich mit dem Einmarsch des französischen Generals, der neben zwei bayerischen auch eine sächsische Division mit sich führte, zogen sich die noch in Tirol verbliebenen österreichischen Truppeneinheiten über den Brenner und das Pustertal nach Österreich zurück. Auch Freiherr von Hormayr und einige Tiroler Kommandanten verließen das Land. In der Bevölkerung gab es verschiedene Strömungen. Viele Leute wollten von weiteren Kämpfen nichts mehr wissen. Angesehene Männer wirkten in diesem Sinne und riefen zu Ruhe und Besonnenheit auf. Es bleibe den Tirolern nichts anderes übrig, als sich geduldig in die Fügungen Gottes zu ergeben, hieß es auch in einem Aufruf des Brixner Bischofs. Nicht wenige waren anderer Meinung. Hatte man nicht gesehen, was ein Bauernheer leisten kann? Dabei waren im April und im Mai nicht einmal alle Kräfte aufgeboten worden. Und nun wolle man kampflos die Freiheit verlieren? An die Spitze dieser "Kriegspartei" stellte sich Andreas Hofer, der im noch unbesetzten Süden getreue Kommandanten um sich sammelte und für den weiteren Widerstand warb. Seiner Überzeugung nach hatte Napoleon kein Recht, während des Waffenstillstandes den Krieg in Tirol fortzusetzen. Auch der Kaiser sei getäuscht worden. Jeder Tiroler habe sogar die heilige Pflicht, den durch Lüge und Verrat ins Land gekommenen Feind zu vertreiben.

Inzwischen erließ General Lefebvre von Innsbruck aus strenge Befehle und Drohungen, doch gelang es ihm nicht, die Anführer der Erhebung festzunehmen. Er mußte nun alles daransetzen, den südlichen Landesteil zu besetzen. Denn der französische Marschall wußte aus bitterer Erfahrung, daß der Besitz der Hauptstadt noch nicht die Eroberung Tirols bedeutete. Der Kriegsplan sah vor, den Kern des Landes, der seit den Apriltagen nie behelligt worden war, von mehreren Seiten anzugreifen. Lefebvre selbst schickte sogleich eine starke Abteilung über das Oberinntal in den Vinschgau und eine andere, die zum größten Teil aus Sachsen bestand, über den Brenner nach Brixen. Sie sollte sich dort mit einer über das Pustertal einmarschierenden französischen Division unter General Ruska vereinigen. Außerdem war im Süden eine französische Brigade zum Angriff durch die Veroneser Klause auf Trient angetreten, eine andere hatte den Auftrag, über Ampezzo ins Pustertal vorzustoßen. So war das südliche Tirol von allen Seiten eingekreist, und keiner der militärischen Führer zweifelte am Gelingen des Planes. Allein es kam anders.

Hofers Aufrufe hatten ihre Wirkung getan. Ohne von einander zu wissen, ohne einen von einem Hauptquartier ausgegebenen Operationsplan griff die einheimische Landbevölkerung überall zu den Waffen und verwehrte dem Feind den Eintritt ins Land oder den Vorstoß in einen noch nicht besetzten Landesteil. In Kämpfen um die Lienzer Klause, an der Ehrenberger Klause (bei Reutte), an der Pontlatzer Brücken (zwischen Landeck und Prutz) und in der Eisackschlucht zwischen Sterzing und Brixen fügten Bauern den kampferprobten und gedrillten Soldaten vernichtende Niederlagen zu. Von der entscheidenden Aktion des aus Freiburg im Breisgau stammenden Studenten Georg Hauger beim Kampf um die befestigte Talenge der Lienzer Klause besitzen wir einen anschaulichen Augenzeugenbericht. Karl Tritschler, wie Hauger aus den österreichischen Vorlanden stammend, beschrieb die Begebenheit in seinem Tagebuch:

"Da hatte am 8. August mein 17jähriger Freund Hauger Gelegenheit und Mut, sich hervorzutun durch eine rasche, besonnene Handlung mit einem kleinen Rest jener samt ihren Offizieren versprengten Abteilung, bei der er im Treffen gestanden; angelangt bei einem Hause, auf des Gebirges Höhe, ober der Klause, findet er daselbst einen Trupp Landstürmer, die ratlos auf den Knien liegen und beten vor dem an der Wand hängenden gekreuzigten Heiland. Er fordert sie auf, ihm zu folgen, zum Schutze des bloßgestellten höchst gefährdeten Passes. Doch die Armen, entmutigt, achten nicht seiner Worte. Da reißt er das Kruzifix von der Wand und, es hoch emporhaltend, ruft er ihnen zu: 'Wer ein echter Christ, wer ein braver Tiroler ist, der folge mir nach, zur Verteidigung des Vaterlandes!' Und die Macht des Glaubens und die Liebe zum Vaterland zaubern hinweg den Schrecken, dem sie verfallen. Sie erheben sich begeistert, ergreifen die Waffen und folgen jauchzend dem mutigen Jüngling. Sie stürzen hinab und, einer Lawine gleich, auf ihrem Wege durch allseits herbeieilende Mannen sich mehrend, wächst das Häuflein an zur kräftigen Masse. Und hohe Zeit ist's, daß Hilfe erscheint, denn der Feind naht drohend der Klause und Anton Steger allein mit wenigen Schützen steht da in banger Besorgnis..."

Ruska mußte nach dem Mißerfolg an der Lienzer Klause mit seinen Franzosen nach Kärnten abziehen, wobei er vorher aus Rache die Dörfer rund um Lienz anzünden ließ. Im Oberinntal wurde der Vormarsch von 1400 bayerischen Fußsoldaten, einer Einheit Dragonern und zwei Kanonen vereitelt, wobei wie 1703 auch die Taktik von Steinlawinen angewendet wurde. Südlich von Sterzing waren es zuerst die sächsischen Kontingente, die in die Falle der Tiroler Landesverteidiger gingen. Sie fanden die engen Wege durch Baumstämme und Felsbrocken verlegt, wurden von allen Seiten aus dem Hinterhalt beschossen und mit Steinlawinen überschüttet. Nachdem sich ihr General zurückgezogen hatte, um Verstärkung zu holen, verbluteten seine im Ort Oberau verschanzten Soldaten in zweitägigem Kampf. Die Schlucht südlich von Sterzing wird seit damals ''Sachsenklemme'' genannt.

Als Lefebvre in Innsbruck vom mörderischen Ringen in der Eisackschlucht erfuhr, brach er sofort mit 7000 Mann und 10 Geschützen auf, um selbst den Weg über den Brenner nach Südtirol freizukämpfen. Aber auch er mußte unter schweren Verlusten den Rückweg antreten. Beschämt meldete der sieggewohnte General am 12. August 1809 seinem Kaiser: ''Es sei also gesagt, daß ich meinen ersten Rückzug im Leben vor rasenden Bauern antreten mußte...'' Der Marschall hatte nun auch einmal erlebt, was seinen Untergebenen das Kriegsführen in Tirol schon längst verleidet hatte. Die ungewohnten äußeren Bedingungen im Gebirgsland, vor allem aber die wilde Tapferkeit der Tiroler und ihre für reglementgewöhnte Armeesoldaten unbekannte Kampfesweise waren bei den Truppen der napoleonischen Allianz gefürchtet. Französische Offiziere, die an der Spitze von bayerischen Einheiten nach Tirol geschickt wurden, beklagten sich heftig über ihr Schicksal.

Bei aller Erbitterung, mit der auf beiden Seiten gekämpft wurde, gab es doch auch menschliche Episoden: So wird berichtet, daß Tiroler unter Lebensgefahr einen verwundeten Feind versorgten, daß bayerische Soldaten einem Tiroler Bauern durch ihr Einschreiten gegen Plünderer Hab und Gut retteten; so soll es vorgekommen sein, daß Tiroler und Bayern in Kampfpausen friedlich miteinander diskutierten - wenn auch über sichere Entfernung hinweg - und sich von Lagerfeuer zu Lagerfeuer zuprosteten.

Auf seinem Rückzug von Sterzing nach Innsbruck folgten Lefebvre Tausende Tiroler Schützen, die sich unter der Führung von Andreas Hofer und seinen beiden ''Flügelmännern'' Josef Speckbacher und Pater Haspinger zur dritten Bergiselschlacht formierten. Die nächsten Tage mußten eine Entscheidung bringen. In Innsbruck wurde die Lebensmittelknappheit so kraß, daß Lefebvre seine entkräfteten Truppen nicht schonen konnte und die Schlacht annehmen mußte. Es blieb ihm nichts anderes übrig, als am 13. August die auf den Bergrücken von Volders bis Kranebitten stehenden Tiroler anzugreifen. 15.000 Schützen waren diesmal dem Ruf Andreas Hofers und seiner Mitkämpfer gefolgt. Eine Verstärkung durch reguläres Militär gab es freilich nicht. Die bayerische Streitmacht war etwa gleich groß. Nach einer heftigen Kanonade marschierten die Sturmbataillone gegen die Hänge. Den ganzen Tag über bei glühender Sonnenhitze, wurde mit letztem Einsatz gerungen. Immer wieder trieben die französischen Kommandanten das auf ungewohntem Gelände von vornherein benachteiligte bayerische Fußvolk in das mörderische Feuer der gut gedeckten Tiroler. In manchen Abschnitten der Frontlinie kam es auch zu verzweifelten Nahkämpfen. Die Tiroler behielten bis zum Abend ihre Stellungen und bauten sie sogar aus. Um der völligen Einschließung und Gefangennahme zu entgehen, mußte Lefebvre, nach einem Ruhetag, in der Nacht zum 15. August den Rückzug antreten. Zahlreiche Höfe und Ansitze rund um Innsbruck, die während der Kämpfe halbwegs heil geblieben waren, ließ er vorher niederbrennen. Auch einige Geiseln wurden mitgenommen.

Tirol war wieder frei. Das Land war jetzt aber völlig auf sich allein gestellt. Von außen war keine Hilfe mehr zu erwarten. Und im Innern fehlte eine gesetzmäßige Autorität. In dieser Situation ließ sich Andreas Hofer überreden, neben der militärischen auch die zivile Gewalt zu übernehmen. Er verstand sich als ''Treuhänder des Kaisers'' und wollte - wohlwissend, daß er für derartige Aufgaben nicht geboren und nicht geschult war - das Land eben regieren, ''so gut i's dermachen kann''. Dazu holte er sich Berater aus allen Ständen. Hauptsächlich war es aber doch ein Bauernregiment, das nun in der Innsbrucker Hofburg begann.

Gerade die Innsbrucker Bürger waren froh, daß die Gefahr völliger Anarchie gebannt war. Dennoch standen sie dem patriarchalischen Regiment des Sandwirts und seiner Vertrauten äußerst skeptisch gegenüber. Zu ländlich ging es im Kreis der neuen Regierung zu, zu ungezwungen und rauh waren nach ihrem Geschmack die neuen Umgangsformen in der Hofburg. Außerdem steuerten Hofer und seine Berater einen antiliberalen, konservativen Kurs, ließen mehrere angesehene Universitätsprofessoren nicht nur wegen ihrer Bayernfreundlichkeit, sondern wegen aufklärerischer Tendenzen verhaften und schritten durch ''Sittenmandate'' gegen allzu offenherzige Mode ein.

Als ihre wichtigste Aufgabe betrachteten es die führenden Männer, die Landesgrenzen abzusichern. Alle Übergänge und Pässe im Norden wurden mit starken Einheiten besetzt. Ausfälle nach Bayern wurden aber strengstens verboten. Und diesmal hielten sich die Kämpfer auch daran. Vorstöße über die Landesgrenzen wurden nur im Nordosten unternommen, weil sich gezeigt hatte, daß dies der gefährdetste Teil Tirols war, wo Vorposten von Nutzen sein konnten. Es gelang den Tirolern, auch Teile der Salzburger Bevölkerung gegen die französisch-bayerische Besatzung aufzuwiegeln und den Steinpaß zwischen Lofer und Bad Reichenhall sowie den Paß Lueg südlich von Hallein in ihren Besitz zu bringen. Diese Aktionen außer Landes waren freilich innerhalb der Tiroler Führung umstritten. Nicht alle Kommandanten und Mannschaften waren bereit, dabei mitzumachen.

Andreas Hofer machte sich über die Möglichkeiten des Landes keine Illusionen. Bald nach der dritten Befreiung ließ er dem österreichischen Kaiser einen dringenden Brief schreiben: ''Wir haben nochmals den Feind hinausgeworfen. Aber es drohen uns große Gefahren. Da ersuchen wir Ew Majestät um Hilfe. Sollten jedoch die Umstände unmittelbare Hilfe unmöglich machen, so wollen E.M. dem getreuen Lande wenigstens die gegenwärtige Lage der Dinge mitteilen, um hieraus ersehen zu können, ob weiterer Widerstand die Rettung des so teuren Vaterlandes oder den gänzlichen Untergang desselben herbeiführen würde.'' Doch am Kaiserhof zögerte man. Noch war es nicht sicher, ob man die Tiroler nicht noch einmal brauchen würde. Man mußte in Innsbruck Hoffnung und Zuversicht wecken.

Wohl das beste Porträt Andreas Hofers, das seinem sensiblen Charakter am besten gerecht wird. Es stammt ebenfalls von Jakob Placidus Altmutter, der den zum Tiroler Oberkommandanten aufgestiegenen Sandwirt aus dem Passeier durch die Tür eines Gasthauszimmers in Innsbruck beobachtete und zeichnete. Die mit Silberstift ausgeführte Studie wurde später oft als Vorlage für Andreas-Hofer-Bilder verwendet.

In verantwortungsloser Weise ließ Wien die Tiroler im ungewissen, bestärkte sie sogar in ihrem Eifer, auch als längst klar war, daß im bevorstehenden Friedensschluß Tirol nicht für Österreich zu retten war. Noch am 4. Oktober empfing Andreas Hofer eine Ehrenkette des Kaisers und eine beachtliche Summe für Verteidigungszwecke. Daß die Bauernführer die bald danach eintreffende Meldung vom Friedensschluß zu Schönbrunn (14. Oktober) und vom neuerlichen Verzicht des Kaisers auf Tirol nicht glauben wollten, ist verständlich. Aber auch als an den Tatsachen nicht mehr zu zweifeln war, wollte man sie ganz einfach nicht wahrhaben. Selbst günstige Friedensangebote der Franzosen und des bayerischen Thronfolgers Ludwig, eines erklärten Freundes der Tiroler, wurden abgelehnt. Noch einmal wollte man eine Besetzung des Landes verhindern. Dabei war die Stimmung in der Bevölkerung alles andere als zuversichtlich.

Nicht nur die Städter sehnten sich nach ruhigeren Zeiten, hatten genug von all den Befreiungen und Besetzungen und zweifelten, ob all die Opfer an Menschen und materiellen Werten das Schicksal Tirols ändern konnten. Auch in der Landbevölkerung mehrten sich die Klagen. Es gab Gegenden, wo die Kriegsbegeisterung nie sehr groß gewesen war. Je mehr sich der Einsatz mit der Waffe in die Länge zog, desto mehr Kompanien drängten nach Austausch und Ergänzung der Mannschaften, um "Ruhetage" einschalten zu können. Beschwerden wegen mangelnder Verpflegung und fehlender Besoldung waren bei den Schützen nicht selten. Immer mehr wollten nach Hause oder folgten den Aufrufen Hofers einfach nicht mehr. Ein kampfesmüder Bauer schrieb im Oktober als Entschuldigung, es sei nun die Zeit gekommen, Holz zuzurichten, um im Winter Weib und Kind erhalten zu können.

Noch am Tag des Friedensschlusses von Schönbrunn gab Napoleon den Befehl, Tirol endgültig zu unterwerfen. Von Rache und Strenge war diesmal allerdings nicht die Rede. Das Volk sei zu entwaffnen; doch auch die Beschwerden der Bewohner sollten entgegengenommen und untersucht werden; gegebenenfalls sei Abhilfe zu schaffen. Drei bayerische Divisionen traten zum Sturm auf Tirol an. Den Oberbefehl hatte nun General Drouet d'Erlon inne. Ein Divisionskommando führte der bayerische Kronprinz Ludwig. Am 17. Oktober wurde in Melleck der starke Tiroler Vorposten unter Speckbacher aufgerieben, wodurch der Zugang zum Paß Strub geöffnet war. Zwei andere Truppenkörper überschritten bei Kufstein und bei Kössen die Landesgrenze. Obwohl sich die Bayern bewußt Zeit ließen, um den Tirolern das Einlenken zu ermöglichen, standen sie bereits am 24. Oktober vor Innsbruck.

Drei Tage zuvor hatte Andreas Hofer die Tiroler Landeshauptstadt mitsamt seinem Hauptquartier verlassen. Er war völlig verwirrt und wußte nicht, was zu tun sei. Verstört zog er zwischen verschiedenen Wipptaler Orten hin und her. Von allen Seiten redete man auf ihn ein. Jeder wollte und behauptete etwas anderes. Daß Österreich Tirol abgetreten habe, konnte Andreas Hofer im Vertrauen auf das feierliche Versprechen des Kaisers einfach nicht glauben. Die Möglichkeit eines neuerlichen Sieges über das Invasionsheer war jedoch nicht sehr groß, da viele der besten Anführer und Kompanien nicht mehr mittun wollten und allerorten Unsicherheit und Niedergeschlagenheit herrschte. Nur notdürftig hielt man den Bergisel besetzt.

Die Bayern standen immer noch vor Innsbruck, ließen die Stadt sozusagen im Niemandsland. Wahrscheinlich wäre es ein leichtes gewesen, die Tiroler Stellungen einfach zu überrennen. Doch der Kronprinz wollte unnötiges Blutvergießen vermeiden. Eine Art von Truppenparade sollte die bayerische Macht demonstrieren und die Bauern erkennen lassen, daß weiterer Widerstand sinnlos war. Endlich trafen am 27. Oktober im bayerisch-französischen Hauptquartier die Plakate mit den Friedensbedingungen ein. Sie enthielten auch die Zusicherung der Straflosigkeit für alle, die die Waffen sofort niederlegten. Mehrere Plakate mit diesen Schriftstücken sandte man in die Stadt Innsbruck und an Hofers Hauptquartier hinter dem Bergisel. Dann erst wurde Innsbruck besetzt. Angesichts dieser Tatsachen entschloß sich Andreas Hofer endlich, einen Waffenstillstandsbefehl auszugeben und selbst beim Kronprinzen vorzusprechen. Der Wagen war schon bespannt. Doch ein wütender Pater Haspinger vermochte den Oberkommandanten umzustimmen. Also mußte es nocheinmal zum Kampf kommen.

Nach leichten Gefechten am 31. Oktober traten die Bayern am 1. November in der Früh zum Sturm auf den Bergisel an. Es genügte eine kurze Beschießung und ein knapp zweistündiger Kampf. Die früher so todesmutigen Tiroler leisteten kaum Widerstand. Doch selbst diese letzte, verlorene Bergiselschlacht war noch nicht das Ende. Andreas Hofer brach jetzt unter der ihm aufgebürdeten Veranwortung zusammen und wurde zum Werkzeug verantwortungsloser Hitzköpfe. Vergeblich mahnten einige seiner engsten Vertrauten und treuesten Unterkommandanten, unter ihnen vor allem Jakob Sieberer und der Priester Josef Danei, daß nur eine Unterwerfung dem Lande noch größeres Leid ersparen könne. Zwar schenkte ihnen Hofer kurzfristig Gehör und erließ einen Aufruf, die Waffen niederzulegen, doch bald darauf konnten ihn andere durch Drohungen und Hinterlist dazu bringen, sein gegebenes Wort zu widerrufen. So schwankte er mehrmals hin und her, bis die Kriegspartei endgültig die Oberhand behielt. Erfolgreiche Gefechte, so ein Sieg am Kiechlberg bei Meran am 16. November und die Gefangennahme von 1000 Franzosen in St. Leonhard im Passeier am 22. November, schienen diesen Leuten rechtzugeben. Sieberer und Danei, die immer noch leidenschaftlich für den Frieden eintraten, wurden eingesperrt und schließlich sogar zum Tode verurteilt. Sie verdankten anrückenden Franzosen ihr Leben. Noch bis in den Dezember hinein wurde in mehreren Tälern gekämpft; viele Blutopfer und Hunderte Brandruinen war die Folge.

Durch die Mißachtung der Friedens- und Amnestieangebote hatten sich die Aufständischen jede Schonung verwirkt. Dennoch war das Strafgericht der Sieger - mit Ausnahme des im Pustertal befehlenden Generals Broussier - eher milde. Der für Tirol zuständige französische Vizekönig Italiens, Napoleons Stiefsohn Eugen Beauharnais, wollte auch den auf der Pfandleralm verhafteten und nach Mantua überstellten Andreas Hofer begnadigen, weil er sich gegenüber dem Feind menschlich verhalten und viel Unglück vermieden habe. Doch der Kaiser der Franzosen ordnete höchstpersönlich Hofers rasche Verurteilung und Hinrichtung an. Das Militärgericht konnte nicht mehr frei entscheiden.

Andreas Hofer war Ende November auf die Kellerlahn im Passeier, dann auf den Pfandlerhof und schließlich auf die Pfandleralm geflüchtet. Vom Feind war er geächtet, zur Flucht nach Österreich hatte er sich nicht überreden lassen. Er konnte seine Heimat in dieser schwersten Stunde nicht verlassen: Zuviel verband ihn mit dem Schicksal dieses Landes, zu schwer lastete auf ihm die Verantwortung für Not und Leiden seines Volkes. Noch immer konnte er aber nicht glauben, daß alles umsonst gewesen sein soll. In einem letzten Brief an den verehrten Erzherzog Johann fleht er verzweifelt um militärische Hilfe. Hofer fühlt sich in seinem Vertrauen auf den Kaiser enttäuscht und zugleich in Schuld verstrickt. Er unterschreibt den Brief als ''armer verlassener Sünder''. Gerade aus diesen Zeilen geht hervor, wie sehr Hofer unter Gewissensqualen und der Bürde seiner Stellung litt. Weil er immer auf die Hilfe Österreichs hingewiesen habe, müsse er nun ''als Lugner vor meinen Brüdern stehen, zu Schanden vor allen werden, und nicht anderes wartet mir, als die Fluchreden in das kühle Grab: 'Du bist die Ursach unseres Unglücks'. Aber auch dieses wollte ich gerne ertragen, nur das strenge Gericht Gottes, wo ich Rechenschaft über meine Untergebene werde ablegen müssen, befürchte ich.''

Über die Wochen vor dem Verrat Raffls, der Hofer der Gefangenschaft der Franzosen und damit dem Tod preisgab, schreibt Karl Paulin in seiner Andreas-Hofer-Biographie: ''In der Einsamkeit dieser Adventwochen vollzog sich in Andre Hofer jene seelische Wandlung und Läuterung, die ihn über alle Niederungen des Kampfes und der eigenen Schuld erhob und den tragischen Helden des Jahres 1809 zur heroischen Überwindung des Lebens und der Todesfurcht befähigte.'' Vielleicht betrachtete Hofer den Tod als Sühne für eigene Schuld und als

Erlösung von irdischem Zweifel und Gewissensqualen, wie der Dichter Franz Kranewitter es in seinem Andreas-Hofer-Drama darstellt. ''Ade mein schnede Welt, so leicht khombt mir das sterben for, daß mir nit die augen naß werden...'' Diese ergreifenden Worte schrieb Andreas Hofer vor seiner Erschießung in Mantua am 20. Februar 1810. Der Historiker Hans Kramer meint: ''Erst vom Festungswall in Mantua aus stieg er wahrhaft zur Unsterblichkeit empor...''

Der Freiheitskampf des Tiroler Volkes erregte durch seine Erfolge, aber auch durch sein tragisches Ende und die Erschießung Andreas Hofers, in ganz Europa großes Aufsehen. Er wirkte wie ein Fanal und weckte oder bestärkte den Widerstand gegen den verhaßten Unterdrücker. So gesehen waren die Opfer der Tiroler nicht vergebens, sondern leiteten die europäische Befreiung von 1813/14 ein.

ANNO NEUN IM HISTORIENBILD

Von Dr. Gert Ammann

Gedenkfeiern geben Anlaß zur Standortbestimmung, zur Wertung des eigenen Bewußtseins, zur Orientierung auf eine gegebenenfalls notwendig erscheinende Basis. Miteingeschlossen in diese Überlegung ist auch die Berücksichtigung der bisher vorgetragenen und praktizierten Intensität eines historischen Bewußtseins. Gerade das Beispiel des Tiroler Freiheitskampfes von 1809 läßt im kulturellen Bereich ein weites und vielfältiges Spektrum wahrnehmbar werden, und mancher Faktor daraus ist zu einem das offizielle Kulturbild Tirols prägenden Moment geworden. Deshalb erscheint auch heute die Frage nach der historischen Sicht des Aufstandes von Anno Neun in Tirol aktuell, zumal historisierende Elemente innerhalb der verschiedenen Sparten der Kultur sichtbar werden.
Diese Rückschau geschieht vornehmlich in Gedenkjahren, bietet daher die Möglichkeit, verschiedene Akzente sichtbar zu machen und in Erinnerung zu rufen. Wenn der Arbeitskreis Meran sich diese Aufgabe zum Ziel gesetzt hat, im Werk von zwei Exponenten - Franz von Defregger und Albin Egger-Lienz - die Bedeutung und die Eigenart des Historienbildes anschaulich zu machen, so bietet er in dieser Aktivität die Chance, erneut auf die Wirksamkeit des Historienbildes innerhalb der Kunstgeschichte Tirols einzugehen. Denn gerade in den letzten Jahren ist die Auseinandersetzung mit der Kunst des 19. Jahrhunderts wieder in den Mittelpunkt der Forschung gerückt.
Wenn in der Landesausstellung 1984 in Innsbruck die Zeit um 1800 in geschichtlicher, kulturhistorischer und künstlerischer Sicht dargelegt wird, so steht dieser Bereich vom Anfang des Jahrhunderts als Grundlage und Ausgangspunkt für die Äußerungen der bildenden Kunst in der zweiten Hälfte des Jahrhunderts vor. Manche Rückschlüsse können aufgezeigt werden, vieles wird verständlich. Zeitgenössische Darstellungen und schriftliche Interpretationen sind Grundlage für die historische Begegnung, für die Geschichts- und Kunstgeschichtsschreibung. Gerade in Hinblick auf die bildliche Darstellung, auf die Komposition und die historische Ikonographie werden diese Informationsquellen bedeutsame Anreger. In den Texten zu den Bildwerken in diesem Band wird diese Vorbildnahme mehrfach angesprochen und zitiert. Die Absicht des Autors wird darin verdeutlicht, die Bildwerke auch in der zeitgenössischen Interpretation wirksam werden zu lassen.

Historienbilder als Rezeption und als Zeitdokument

Profane Begebenheiten der Vergangenheit, religiös-geschichtliche Situationen, Legenden und Sagen, aber auch Ereignis- und Reportagebilder als zeitgenössische Dokumente sind wesentliche Aspekte des Historienbildes. Bereits die Bilderchroniken des 15. und 16. Jahrhunderts sind historische und aktuelle Bekenntnisse. Die Erinnerung an die geschichtlichen Leistungen, an die belegbare Tradition wird auch als politische oder menschliche Propaganda offenkundig. Allegorien und Glorifizierungen sind Selbstbehauptungen der Auftraggeber. Im allgemeinen Sprachgebrauch hat sich aber das Historienbild als Begriff des 19. Jahrhunderts, vor allem der Gründerzeit bekundet.

Erst in den Jahrzehnten des national-patriotischen Erwachens eines Volkes wird dieses historisch-orientierte Bild Allgemeingut. Mangels einer Tradition der national-patriotischen Bildikonographie waren die Künstler veranlaßt, eigene Studien zu betreiben, nach Bildinhalten und Anregungen zu suchen. Ein überregional bedeutsames Beispiel stellt die Illustration des Nibelungenliedes dar, das seit der Auffindung der beiden Handschriften 1775 und 1779 im Palastarchiv zu Hohenems für Wissenschaftler, Literaturhistoriker, Dichter und Schriftsteller sowie Künstler ein reiches Reservoire für die Auseinandersetzung mit dem historischen Stoff aus dem hohen Mittelalter bot. Im Gleichklang mit den nationalen Bewegungen, mit dem patriotischen Bewußtsein der Menschen waren die Künstler angehalten, nach ''authentischen'' Motiven zu fahnden. Das von der heutigen Warte aus betrachtete Klischeebild des ''Altdeutschen'' fand hier reichen Niederschlag, die Studien in Waffen- und Kostümsammlungen, die Identifizierung mit der studentischen Sturm und Drang-Bewegung waren grundlegende Voraussetzungen für die Interpretation dieses deutschen Volksepos. Wenn sich die bedeutendsten Künstler und Literaten dieses Stoffes annahmen, wenn das illustrierte Nibelungenlied als Feldausgabe für die Soldaten erschien, wenn der Inhalt im Kreise der deutschen Künstler in Rom in abendlichen Lesungen zum ''zweiten Evangelium'' geworden war, so spürt man die Faszination dieses historischen Stückes. So nimmt es nicht wunder, wenn aktuelle Episoden Motivation zu prägnanten Notizen in Wort und Bild ermöglichten. Waren es etwa in der Schweizer Geschichte und Kunstgeschichte noch die Ereignise um Wilhelm Tell oder der Rütlischwur, die etwa seit der französischen Revolution und dem damals nochmals erstarkenden Nationalbewußtseins eine Renaissance in literarischer und künstlerischer Sicht erlebten, waren es die Gründungen von patriotischen Gesellschaften, von Schützenvereinigungen, von Theatern und Schul-, Turn- und Sängervereinen, so boten die zeitgenössischen Ereignisse in Tirol unmittelbaren Anlaß zur Auseinandersetzung mit dem politischen und geschichtlichen Stoff. Man war hier nicht auf die Rückbesinnung angewiesen, das aktuelle Reportagebild war möglich. Natürlich erscheint die bildliche Sprache von der allgemein herrschenden nationalen Stimmung geprägt und gibt uns heute einen authentischen Nachhall jener Gesinnung wieder. Gepaart mit der realistischen Darstellung gestattete der Inhalt des Freiheitskampfes bald Möglichkeiten zur Verherrlichung, zur Glorifizierung, zur idealistischen Darstellung. Beide Bildgestaltungen sind nebeneinander wirksam. Wenn Jakob Placidus Altmutter seine Kampfesszenen vom Bergisel in vielen Detailstudien skizziert, wenn er vor der Natur Landschaftsprospekte zeichnete, war er in der historischen Darstellung bestrebt, realistische Tatsachen zu gestalten; die Gemälde von Josef Anton Koch ''Der Tiroler Landsturm Anno Neun'' oder Josef Arnold ''Schwur der Tiroler'' (mit deutlicher Anlehnung an die Bildikonographie des Rütlischwures) zeigen dagegen heroische Interpretationen. Das 'wissenschaftliche und historische' Interesse Altmutters, getreu den Ereignissen zu gestalten, also einen wirklichkeitsnahen Nachvollzug der Bergisel-Schlacht vorzulegen, stand im grundlegenden Gegensatz zu den fern der Ereignisse gestalteten Huldigungen der Freiheitskämpfer, die vor allem auch durch die Reproduktionsgraphik Verbreitung gefunden haben. Tobias Grießers Lithographie nach Kochs Tiroler Landsturm wurde zum gängigen Illustrationsbildwerk.

Im Bereich der realistischen Gestaltung der Kampfereignisse, meist eingebettet in einer romantisch anklingen-

Flugblatt: Andreas Hofer als Sieger am Bergisel 1809

Josef Anton Koch, Der Tiroler Landsturm im Jahre 1809, 1819; Tiroler Landesmuseum Ferdinandeum, Innsbruck

den Landschaft, kommen natürlich all die gleichzeitig in der bildenden Kunst wirksamen Faktoren der Milieuschilderung, der Trachtendarstellung, des Volkslebens und der Landschaftsmalerei zum Durchbruch. Die Landschaftsmalerei, bevorzugt durch die 'Kammermaler' Erzherzog Johanns in Aquarellen und später Aquatintastichen verlegt und in Alben publiziert, bereiten die folkloristischen und historisierenden Motive vor. Die kurze Zeit später einsetzenden Stiche englischer Künstler und Verleger nehmen den beginnenden Tourismus wahr und sind aus dem Bereich der Landschafts- und Volksdarstellung nicht mehr wegzudenken. Josef Anton Kapeller und Johann Georg Schädler waren aber in der Trachtengestaltung Wegbereiter. Zusammen mit all diesen Facetten bildete nun auch die Darstellung der historischen Ereignisse einen wesentlichen Beitrag zur Popularität Tirols. Ludwig Schnorr von Carolsfeld, einer der Mitstreiter der Nazarener in Rom, in München durch die Gestaltung der fünf großen Residenzsäle mit Szenen aus dem Nibelungenlied bekannt und überregional geschätzt, malte 1830 die ''Vereinigung der österreichischen Truppen mit den Tirolern unter Andreas Hofer am 12. April 1809 bei Sterzing'' panoramaartig in einer eher repräsentativen Genauigkeit und porträthaften Gruppengestaltung. Im Gegensatz zu diesen nüchternen und ohne Pathos gegebenen Schilderungen sind die vielen zeitgenössischen Notizen in einer Unmittelbarkeit und Lebhaftigkeit gezeichnet und gemalt, nehmen aber wenig Anspruch auf künstlerische Qualität wahr. Man spürt also bereits bei den zeitgenössischen Gestaltungen mehrere Orientierungs- und Interpretationsmöglichkeiten, die auch in den literarischen Berichten aufscheinen.

Literatur als Vorbild für die Historienmaler

Franz Kolb nennt in seinem Werk ''Das Tiroler Volk in seinem Freiheitskampf 1796-1797'' auf Seite 838 die zeitgenössischen Dichtungen zum Thema des Tiroler Landsturmes, die mehr Geschichte im übertragenen und wortschöpferisch freien Sinn darstellen, als eine genau historisch begründete Darlegung der Situation sind. So schrieb Anton von Remich 1798 sein vaterländisches Schauspiel mit Musik ''Der Tiroler Landsturm im Franzosenkrieg''. Von anonymen Autoren sind die Bühnenstücke ''Der Landsturm oder der Ausmarsch der Tiroler, ein nach der wahren Geschichte bearbeitetes Schauspiel'' oder ''Der einfältige Bauer und der aufgeklärte Kriegsmann auf dem hohen Kriegstheater im Lande Tirol - mit ruhmvollen Tatsachen und öffentlichen Urkunden beleuchtet - zur Zeit des Franzosenkrieges 1796/97'' erhalten. Auch über Tirol hinaus fand dieses Thema der heldenhaften Verteidigung von Freiheiten eine literarische Verwertung: F.W. Ziegler schrieb 1798 das Drama ''Seelengröße oder der Landsturm in Tyrol - ein Denkmal der Vaterlandsliebe der Tiroler in fünf Aufzügen'', Josef von Raschkas Kantate ''Tyroler Landsturm'' wurde unter Hofmusikkapellmeister Anton Salieri 1799 im Redoutensaal in Wien aufgeführt.
In der Reihe der patriotischen Literatur ist auch das Heldengedicht ''Der Tiroler Landsturm 1809'' von Peter Ortner zu nennen, über dessen Enthusiasmus wir durch die Biographie Karl von Blaas unterrichtet sind, der sich beklagte, daß der junge Maler Ortner aus Innsbruck zu wenig nach der Antike studiere, sondern vielmehr dem patriotischen Heldenzeitalter nachsinne. Und schließlich ist auch das bis heute bekannte Heldengedicht ''Tiroler Adler, warum bist du so rot?'' des Dichters und Schubert-Freundes Johann Chrysostomus Senn aus Pfunds ein exemplarisches literarisches Zeitbild.
Wie lebhaft die Person Andreas Hofers in den Künstlerkreisen präsent war, zeigt ein Briefzitat Friedrich von Overbecks an seinen Freund Ludwig Vogel, als er vom Siegesfest in der Villa Borghese in Rom (1814) berichtete: ''... da sprang Reinhard auf die Tafel und leerte auf das Andenken des unglücklichen aber unsterblichen Hofer's ein Glas, darauf auf das Andenken des heldenmüthigen Schill und seiner braven Gefährten, die als Opfer fallen mußten und so mancher anderer noch, immer unter Begleitung der Bande und des Donners der mortalleti.'' Bereits 1816 waren auch Empfehlungen Josef Anton Kochs an Karl Friedrich Freiherrn von Uexküll und Josef von Giovanelli ergangen, sich eines Entwurfes eines Wiener Bildhauers in Rom, Johann Nepomuk Schaller, anzunehmen, der sich mit Überlegungen zu einem Andreas-Hofer-Denkmal auseinandergesetzt hatte. Und

Julius Schnorr von Carolsfeld, Vereinigung der österreichischen Truppen mit den Tirolern unter Andreas Hofer am 12. April 1809 bei Sterzing, 1830; Tiroler Landesmuseum Ferdinandeum, Innsbruck

1819 schrieb das Anzeigenblatt für Wissenschaft und Kunst, das als Beilage zu den Wiener Jahrbüchern der Literatur aufgelegt wurde, daß mehrere Entwürfe zu Denkmalen für Hofer und den Tiroler Freiheitskampf vorhanden seien und der Verwirklichung harren. In Rom und Wien war also das Interesse am Gedächtnis der Ereignisse des Tiroler Freiheitskampfes groß und führte schließlich auch zum Denkmalwettbewerb Kaiser Franz I.
Auf dem Gebiet der bildenden Kunst brachte dieser Wettbewerb zur Gestaltung eines Denkmals für Andreas Hofer in Innsbruck - von Kaiser Franz I. ausgeschrieben und mit der ersten Preiswidmung an den Nassereither Bildhauer Johann Martin Schärmer vorerst beendet, aber schließlich von Metternich anders entschieden - eine neuerliche intensive Beschäftigung mit dem Helden Hofer und damit mit dem Historienmotiv. Keiner der Genremaler oder historisch orientierten Bildhauer konnte sich damals dieser Thematik verschließen.

Die Rezeption des Freiheitskampfes in der Literatur

Für die Rezeption des Freiheitskampfes in der zweiten Hälfte des 19. Jahrhunderts waren diese Darstellungen Grundlagen, Voraussetzungen zu einer gezielten Orientierung. Wiederum in besonderem Maße spielt hier die Literatur eine Rolle: im verstärkten Maße ist die Wechselwirkung zwischen Bild und Wort vorgegeben und nachvollziehbar.
Joseph Rapp schilderte in seinem Werk ''Tirol im Jahre 1809'', erschienen in Innsbruck 1851, die geschichtlichen Abläufe und bot darin Anregungen zur bildlichen Übersetzung. Auch Johann Georg Mayr hat in seinem Band ''Der Mann von Rinn (Joseph Speckbacher) Kriegsereignisse in Tirol, 1809'', ebenfalls 1851 in Innsbruck erschienen, eine bildhafte Schilderung dieses dynamischen und energischen Mannes gegeben. Gerade auf die Bildkonzepte Franz von Defreggers haben sich die Berichte und Erläuterungen von Rapp und Mayr fast wort- und bildident ausgewirkt (bei den Bildbeschreibungen im Anhang ist darauf immer Bezug genommen). In diese Reihe darf auch Adolf Pichlers ''Franzosenbraut'' oder Karl Domanigs ''Braut des Vaterlandes'' (1879) erwähnt werden. Im umgekehrten Sinn hat das Bildwerk Anregung zu sprachlicher Nachvollziehung gegeben: im Defregger-Album, 1880, stehen Reproduktionen der Gemälde Defreggers im Gleichklang mit den Erzählungen Peter Roseggers gegenüber. Es darf hier gleich auch auf eine späte Wechselwirkung zwischen Literatur und Kunst hingewiesen werden; für Karl Schönherrs ''Glaube und Heimat'' hatte Albin Egger-Lienz Bühnenbildentwürfe gestaltet; Karl Schönherr hatte sich auch dem Thema des Freiheitskampfes und des Aufstandes Anno Neun in seinem Werk ''Volk in Not'' (;1919) angenommen.

... in der Malerei

Richtungsweisend für die Tiroler Künstler und ihre Orientierung auf die Historienmalerei und -bildhauerei war die Akademie in München, an der unter Karl von Piloty das historische Fach einer besonderen Pflege und intensiven Demonstration zugeführt war. Allerdings traten in München auch die Erfahrungen der französischen und belgischen Historienmaler betont in Erscheinung. Neben Franz von Defregger, der in seinen Historienbildern von der heroischen Auffassung Pilotys abgerückt war, griffen der Pitztaler Alois Gabl und der Paznauner Matthias Schmid diese genrehafte Interpretation des Ereignisbildes auf. Eine deutliche Ausnahme bildete der in Venedig, Rom und Mailand gebildete und tätige Karl von Blaas aus Nauders, der sich entschieden der pathetischen Historiengestaltung im Sinne des französischen Revolutionsbildes annahm und dies in der Ausgestaltung des Wiener Arsenals (1859/72) manifestierte. Sein Gemälde ''Abschied Hofers'' (1890) im Tiroler Landesmuseum Ferdinandeum in Innsbruck wurde bald zu einem viel reproduzierten Bildwerk.
Die Verbindung von historischen Motiven mit der religiösen Bilderwelt hat Edmund von Wörndle in der Herz-Jesu-Kapelle in Sand beim Sandwirthof in St. Leonhard in Passeier geprägt. Zur Erinnerung an die Weihe Tirols an das Herz Jesu und zum Gedächtnis an den Sandwirt Andreas Hofer war die Kapelle 1883 nach den Plänen von Josef von Stadl errichtet und 1899 in Anwesenheit von Kaiser Franz Joseph I. geweiht worden. Denkmäler

Josef Klieber, Entwurf zum Denkmal Andreas Hofers nach der Skizze von Johann Martin Schärmer, 1826; Tiroler Landesmuseum Ferdinandeum, Innsbruck

Hans Kapferer, Tod eines Landesverteidigers, 1847; Tiroler Landesmuseum Ferdinandeum, Innsbruck

 Karl von Blaas, Gefangennahme Andreas Hofers, 1890; Tiroler Landesmuseum Ferdinandeum, Innsbruck

dieser Art stehen auch heute noch im Bewußtsein der Menschen, sind Mahnbilder und Erinnerungsstätten und zeugen von der Traditionsgebundenheit und der Wertung historischer Ereignisse.

... im plastischen Denkmal

Das große, pompöse Andreas-Hofer-Denkmal am Bergisel von Heinrich Natter, 1893, steht alljährlich im Mittelpunkt der offiziellen Landesfeiern. Josef Bachlechner aus Hall in Tirol hatte eine kämpferische Gruppe für ein Speckbacherdenkmal am Paschberg im Entwurf gefertigt, Ludwig Penz aus Schwaz hingegen gestaltete das Speckbacherdenkmal für Hall in Tirol mit einer - wenigstens im erhaltenen Modell ersichtlichen - menschlichen Note in der Verbindung von Vater und Sohn Anderl (1906/08). Christian Plattner aus Imst legte seinem Anno-Neun-Denkmal bei der Ottoburg in der Innsbrucker Altstadt (1904, Guß von 1915) ein eher romantisches Gefühl zugrunde, konnte aber in der plastischen Modellierung eine globale und voluminöse Form verwirklichen. Diese späten Beispiele - wie auch das Sigmair-Denkmal von Hans Piffrader in Mitterolang - zeigen eine Abkehr vom Heroischen, ein Abrücken von der Glorifizierung des Heldenhaften.

... in Ausstellungen

Besonders in den Kunstausstellungen der Jahrhundertwende findet man den Gedanken an die Heldenzeit Tirols stark ausgeprägt. Hier konnte man mit der offiziellen Unterstützung des Landes das Historienbild demonstrieren, ja die Künstler waren angehalten, zu diesem Thema Beiträge zu liefern. Defreggers Gemälde ''Heimkehr der Sieger'' konnte aufgrund der Thematik nicht auf der Pariser Weltausstellung von 1878 gezeigt werden, hier in Tirol entfiel diese strenge Zensur. Die freie Entfaltung brachte eine weitere Palette von historien-orientierten Bildwerken mit sich. Die Landes-Ausstellung 1893 in Innsbruck legte offiziell den Beginn dieser Manifestation fest. Im besonderen aber lieferte die Jubiläums-Ausstellung 1909 ein breites Spektrum zum Thema 1809: Alfons Siber war mit einem Bronzerelief ''Tod des Senselers'', Ludwig Penz mit zwei Bronzeskulpturen ''Hofer und Haspinger'' sowie mit der Gedenkmedaille ''Für Gott, Kaiser und Vaterland'' und Christian Plattner mit einer Gipsstatue des Speckbacher vertreten. Auch der Meraner Orazio Ghaiger stellte eine Aquarellserie zum Thema Anno Neun vor, wobei er mehr die Tragödie des Geschehens in den Vordergrund seiner Bildkonzepte rückte (eine ausführliche Besprechung seiner Werke sind in der Zeitschrift 'Der Föhn', 1909, Nr. 210, abgedruckt). Karl Jordan zeigte seine ''Helden'' und die ''Tiroler Landstürmer'', Thomas Walch aus Imst den ''Einzug Andreas Hofers in Innsbruck am 15. August 1809'' und Josef Bachlechner, der Bildschnitzer aus Hall in Tirol, brachte eine Speckbachergruppe zur Vorstellung. Natürlich fehlten die beiden großen Exponenten Defregger und Egger-Lienz in diesem Reigen nicht. Diese Jubiläums-Ausstellung war bislang die letzte große Demonstration des Historienbildes in Tirol, sieht man von der ständigen Präsenz der Schlacht am Bergisel im Riesenrundgemälde von Michael Zeno Diemer und seinen Mitarbeitern in Innsbruck ab, das ein bleibendes Zeugnis dieser historisierenden Welle am Ende des vorigen Jahrhunderts darstellt und in seiner Originalität ein markantes Beispiel der Panoramamalerei ist.

Josef Bachlechner, Entwurf zum Speckbacherdenkmal am Paschberg bei Igls, um 1908; Tiroler Landesmuseum Ferdinandeum, Innsbruck

Franz von Defregger als Historienmaler

Franz von Defregger war in München und Paris durch Karl von Piloty und die französischen und belgischen Historienmaler mit dem Historienbild konfrontiert. Von seiner Mentalität und seiner geschichtsträchtigen Tiroler Herkunft stand er diesem Metier offen gegenüber. Es gelang ihm aber, diese einst von Ideen getragenen Kompositionen im Sinn der Genre- und Milieugestaltung und eines realistischen Bildens zu ändern und dieser Historienmalerei eine neue Dimension beizufügen. Heinrich Hammer hatte mit Recht notiert, daß bei Defreggers Bildmotiven die ''innere Wärme'' als markantes und bildwirksames Element in Erscheinung trete. Nicht die drastisch-brutale Konfrontation im Kampfgetümmel, nicht das Leid, die Tragik und das Chaos beherrschen seine geschichtlich orientierten Motive, vielmehr war ihm die menschliche, seelisch-empfindsame Begegnung wichtig, die Gegenüberstellung von Mensch zu Mensch, die Gestik der Augen: im Gemälde ''Speckbacher und sein Sohn Anderl'' (1869) wird dieser Inhalt zum erstenmal demonstrativ vorgelegt. Diese innere Grundhaltung sollte sich in vielen Geschichtsbildern ausdrücken, wenngleich Defregger auch andere Komponenten des Historienbildes aufgegriffen hatte. Das ''Letzte Aufgebot'' (1874) wird nicht zu einem in der Ratlosigkeit der Entscheidung existenten chaotischen Geschehen, es wird von der zielstrebigen, inneren Stärke der Männer getragen. In dieser ''Verherrlichung'' des heldenmütigen Menschseins verlieh Defregger seinen Bildmotiven einen inneren Zug zum Heroischen. Auch in der Komposition ''Heimkehr der Sieger'' (1876) ist die Freude am Leben und nicht der Sieg über den Gegner illustriert. Gerade bei diesen Hauptwerken wird die Blickrichtung auf die literarischen Vorbilder bei Joseph Rapp und Johann Georg Mayr deutlich spürbar; im Historienbild wird diese Wechselbeziehung von Literatur und bildender Kunst erneut aufgegriffen, die einst nur für den Klassizismus dominante Erscheinung wird nun bewußt und massiv eingesetzt.

Franz von Defregger ist mit diesen beiden Gemälden auch über seine Wirkungsstätte München hinaus bekannt geworden: in Berlin und Wien hatte er mit diesen Sujets offizielle Anerkennung gefunden. In München ist er vor allem als Porträtist, als Gestalter von Genremotiven aus dem bäuerlichen Leben gewürdigt worden, und die bisher kaum beachteten, überaus dicht und intensiv gemalten Landschaften und Hausarchitekturbilder zählen zu den malerischsten Bildwerken. Defregger bot aber in seinen Gemälden fast immer ein intimes, privates Sujet, eine genrehafte Milieuschilderung, eine Illustration und nicht ein von Gesellschaftskritik getragenes Anklagebild. Und doch gibt es Beispiele einer aggressiven Bildgestaltung und Thematik, etwa im Gemälde der ''Erstürmung des Roten Turmes'', in dem das revolutionäre französische Historienbild durchklingt. Im gemilderten Sinn wird die Skizze ''Der Aufruf'' oder ''Speckbachers Aufruf'' hier anzuschließen sein. Die Dramatik eines Bühnengeschehens vermittelt die ''Waffenschmiede' oder das Motiv ''Andreas Hofer auf dem Bergisel'', schließlich wird ''Andreas Hofers letzter Gang'' zu einer pathetischen Theaterstaffage, während im ''Peter Sigmair, der Tharerwirt von Olang'' eine effektvolle Dramaturgie mit einbezogen erscheint. In den späten Historienbildern ''Tiroler Helden'' oder ''Andreas Hofer'' wird die repräsentative Bildwirkung betont; die illustrative, erzählfreudige Detailschilderung der frühen Kompositionen ist hier zu einem strengen Schema erstarrt. Defregger gewann aber in einem der letzten geschichtsgebundenen Motive ''Im Tiroler Freiheitskampf'' (1902) wiederum den Anschluß an sein Historienbild.

Franz von Defregger hat somit viele Bereiche und Aspekte des Historienbildes wahrgenommen und beispielhaft gestaltet, seine Eigenleistung in der genrehaften Schilderung geschichtlich motivierter Themen war richtungsweisend für manchen Maler.

Albin Egger-Lienz als Überwinder des Historienbildes

Defregger war in der Gesamtschau der Münchner Historienmalerei auch Ausgangspunkt für Albin Egger-Lienz, der jedoch als Vertreter einer neuen Generation das Historienbild in der Tiroler Kunst entscheidend korrigiert hatte. Egger-Lienz war es gegeben, aus der Tradition zu neuen Formulierungen zu gelangen, aber auch das Wesen des Historienbildes zu verändern, aus einst heldenhaften Kriegsdarstellungen ''Anti-Kriegs-Bilder'' zu gestalten. Egger-Lienz war in seinen frühen Historienbildern deutlich von der Münchner Schule geprägt. Karl von Piloty, Wilhelm Lindenschmid und auch Franz von Defregger boten ihm Anleitung und Kompositionsmöglichkeiten. Seine Bildwerke entstanden in jenen Jahren, in denen vor allem auf dem Denkmalsektor in Tirol und durch das Riesenrundgemälde Zeno Diemers in Innsbruck ein neues Aufflackern der Erinnerung an Anno Neun wirksam war. Und Tirol bot ihm in den Menschen und der Natur immer den realistischen Boden und Rückhalt. Das große Gemälde ''Ave Maria nach der Schlacht am Bergisel'' (1894/96) macht dies deutlich: in Matrei, Virgen und Obermauern fand er die Charaktere, die ihm für die große Inszenierung Modell standen. Egger-Lienz war nicht wie Defregger so sehr auf die Literatur als Anregungsmomente ausgerichtet, er suchte sich vielmehr für seine Kompositionen ihm geläufige und bekannte Konzepte. Die Sammelbände seines Nachlasses machen dies offenkundig, ausgeschnittene Reproduktionen lassen die Vorbilder, die Egger für sich als interessant notierte, evident werden. Für die ersten Kompositionsüberlegung zum ''Ave Maria'' ist das Gemälde ''Choral nach der Schlacht von Leuthen'' (1887) von Arthur Kampf verwertet worden. Im Gegensatz zu den zeitgenössischen Bildberichten mag man von der heutigen Perspektive das Gemälde in seiner bühnenhaften Szenerie, in seiner undramatischen und unaggressiven Geschichtsverbundenheit und darin die Abweichung von der offiziellen Münchner Tradition des Historienbildes sehen. Man spürt aber auch die Verbindung von verschiedenen Aspekten der Stilsprache als Resonanz der Kunsteindrücke, die Egger im internationalen Ausstellungswesen in München erleben konnte. Die Grundlage eines realistischen Gestaltens im Sinne Courbets oder Leibls und die neuen Erfahrungen des impressionistischen Bildens sind diesem monumentalen, von der Bildidee aber eher intimen Gemälde eingebunden.

Die Auseinandersetzung mit der schweizerischen Historienmalerei wird vor allem im ''Schwur der drei Bundesgenossen'' (1897) vorgetragen. Analog zum Rütlischwur, erstmals bei Johann Heinrich Füssli 1779 gestaltet, oder zu J.L. Davids ''Eid im Ballhaus'' (1791), fand auch Egger-Lienz die bühnenhafte Szene der Begegnung der drei Kampfesgefährten, wobei er die Verbindung der Hände als Ausdruck des Bündnisses betont und den Schwur erst in zweiter Linie als Bildmotiv verwirklicht hatte. Ein gewisser Zug zum Heroischen kann diesem streng komponierten Bildwerk nicht abgesprochen werden, auch das Porträt ''Josef Speckbachers'' für die Heldengalerie am Bergisel (1895) ist von diesem Pathos getragen.

Als ein erster Ausbruch aus der traditionellen Historienmalerei steht Eggers Gemälde ''Das Kreuz'' (1898/1901), das trotz der möglichen literarischen Bindung an Joseph Rapps Schilderung des Aufrufes zur Verteidigung der Lienzer Klause kein Nachvollzug einer theatralischen Bühnenszene darstellt, sondern vehement eine neue Lösung der Bildgestaltung in Form eines ''lebendigen Bildes'' gefunden hat. Die Konzeption des Ausschnittes, des frontalen Vordringens einer Menschenmasse ist neu und führt bei Egger-Lienz wenige Jahre später im ''Haspinger Anno Neun'' zu einer aggressiven, dynamischen Diagonalbewegung, die nicht im Sinn des heroischen, statischen, parallelgeführten Historienbildes Ferdinand Holdlers in Erscheinung tritt, sondern wiederum mehr auf die ''revolutionäre'' französische Gestaltung, etwa nach der Vorlage des ihm bekannten Reproduktionsholzstiches von Juien Le Blants Gemälde ''Aufstand der Royalisten in der Vendée'' (1879) zurückgreift. Egger-Lienz sah sein Haspinger-Bild selbst als einen Durchbruch innerhalb des Historienbildes an, er notierte 1913: ''Mein Haspinger ist gerade in seiner Losschälung von allem historischen, konvenzionellen Episodenhaften vielleicht das beste Schlachtenbild, was überhaupt je gemalt wurde.''

Zwischen den beiden Polen ''Das Kreuz'' und ''Haspinger Anno Neun'' hat sich in Eggers Konzepten sichtlich die Wandlung von der einst noch traditionellen Bindung an eine Schilderung zur plastisch monumentalen, prägnanten ''Bildhauersprache'' vollzogen. Beide Aspekte spiegeln sich auch im Gemälde ''Nach dem Friedensschluß'' (1902) und dem ''Totentanz'' (1908), doch zeigt sich auch im prozessionshaften Gleichklang der schreitenden Männergruppe im Friedensschluß-Bild die unorthodoxe Bildgestaltung, die wohl unter dem Eindruck von Constantin Meunier und August Rodin gereift war. Das Thema des Totentanzes ist in insgesamt 15 Gemälden in geringfügigen Variationen evident, man möchte hier den Beginn der ''Anti-Kriegs-Bilder'' sehen, die in den expressionistischen Konzepten zum ''Totenopfer'' oder zum ''Finale'' ihren formalen und inhaltlichen Höhepunkt erreichen. Hier gibt es keinen Weg zurück zu den gewohnten Schlachtenbildern des 19. Jahrhunderts. Es sind nun massive Anklagen geben das Chaos des Krieges vorgebracht, keine Verherrlichung des Kampfes, des Sieges, es sind Mahnbilder gegen die Erniedrigung des Menschseins. Egger-Lienz hat mit diesen Bildschöpfungen das literarische Historienbild ad absurdum geführt und den Weg aus der geistigen, kulturellen und künstlerischen Bindung des vergangenen Jahrhunderts geöffnet.

FRANZ VON DEFREGGER

1835	*30. April in Stronach geboren*
	Lehre beim Bildhauer Professor Michael Stolz in Innsbruck
1860	*Vorbereitungsklasse an der Kunstgewerbeschule in München bei Hermann Dyck und Aktzeichnen in der Privatschule Filser in München*
1861	*19. Juli, Aufnahme in die Akademie, Malklasse von Hermann Anschütz, erstes Gemälde "Um den Herd"*
1863/65	*Parisaufenthalt, Abendakt an der Akademie*
1865	*zurück nach München und in seine Heimat*
1867	*Rückkehr an die Akademie München, Aufnahme in die Klasse von Karl von Piloty, Defreggers Mitschüler waren u.a. Hans Makart und Gabriel Max*
1870	*Abschluß der Akademie*
1872	*Vermählung mit Anna Müller, krankheitshalber nach Bozen*
1873	*mit dem Gemälde "Das Preispferd" erhielt Defregger die Goldene Medaille bei der Wiener Weltausstellung*
1875	*Rückkehr nach München*
1878	*König Ludwig II. ernennt Defregger zum Professor für Historienmalerei in der Komponierklasse der Akademie*
1879	*das Gemälde "Andreas Hofers letzter Gang" erhielten Kaiser Franz Josef und seine Gemahlin Elisabeth zur Silberhochzeit als Geschenk Erzherzog Carl Ludwigs und seiner Geschwister*
ab 1879	*Defregger hält sich im Frühjahr und Herbst in Bozen auf*
1883	*Defregger erhält den bayerischen Kronorden und damit verbunden den persönlichen Adel*
1885	*Verleihung der Erzherzog-Carl-Ludwig-Medaille*
1901	*Verleihung des Comptur-Kreuzes des bayerischen Michaels-Ordens*
1905	*Ehrenbürger von München, Ritter des Ordens "Pour le merite", Allgemeines Ehrenzeichen für Kunst und Wissenschaft*
1921	*2. Jänner, in München gestorben*

SPECKBACHER UND SEIN SOHN ANDERL, 1869

Öl auf Leinwand, 96 x 123 cm, bez. re. u.: F. Defregger München 1869

Innsbruck, Tiroler Landesmuseum Ferdinandeum, Inv. Nr. Gem. 422

Das Gemälde war zu Ostern 1869 im Landhaus zu Innsbruck ausgestellt, um Defregger das tirolische Künstlerstipendium zukommen zu lassen. Auf der Münchner Kunstausstellung des gleichen Jahres fand das Motiv große Anerkennung und begründete den Ruhm des Malers, wie zeitgenössische Berichte notierten. Am 2. April 1869 wurde das Bild um 1200 Gulden vom Ferdinandeum erworben, es wurde später mehrfach reproduziert, u.a. für die Neujahrsentschuldigungskarten 1886 für Brixen und Klausen.

Literatur: Tiroler Schützenzeitung 1869, S. 185, 269, 277. - Tiroler Stimmen 1869, Nr. 70. - Bote für Tirol und Vorarlberg 1869, S. 375, 389. - Zeitschrift für bildende Kunst 1869, S. 259. - L.v. Hörmann, Die Prototype der Defregger-Bilder (Abdruck aus Die Presse in: Innsbrucker Nachrichten 1876, Nr. 11, Beilage, S. 6 f. - Bilder von Defregger, Geschichten von Rosegger, Wien 1880, Defregger-Album, 1880, S. 41, Tf. 44. - A. Rosenberg, Defregger. Künstler-Monographie hsgg. von H. Knackfuß, XVIII, Bielefeld-Leipzig 1897, S. 12. - H. Hammer, Franz von Defregger, Innsbruck 1940, S. 18 f., Abb. 15. - Führer durch die Schausammlungen des Tiroler Landesmuseums Ferdinandeum, Innsbruck 1979, S. 58. - H.P. Defregger, Defregger 1835 - 1921, Rosenheim 1983, Abb. S. 55, WV S. 280.

Unter der Anleitung von Karl von Piloty hatte Defregger dieses Motiv zum ersten Mal in einem Gemälde festgehalten und in seiner Ausstellung in München präsentiert. Bereits 1868 sind dazu Entwürfe entstanden: H. Hammer nennt eine mit 25. Juni 1868 datierte Skizze, die das Geschehen vor dem Wirtshaus zeigt. Der Entwurf geht vielleicht auf den Bericht von Johann Georg Mayr, Der Mann von Rinn (Joseph Speckbacher) - Kriegsereignisse in Tirol 1809, Innsbruck 1851, S. 216/217, zurück, auf dessen Beschreibung auch die Mittelgruppe der Heimkehr der Sieger (s.d.) beruht.
Die Szene: Speckbacher verbot seinem Sohn Anderl am Ausmarsch teilzunehmen; Anderl schloß sich aber den Aufständischen an und begegnete, geführt von einem alten Schützen, seinem Vater im Quartier bei einer Lagebesprechung.
Defregger gruppiert die Gruppen in einem gestaffelten Raum, der in der "Bauernküche" (Sammlung Schäfer, Obbach) aus dem gleichen Jahre 1869 szenisch wiederkehrt. In gekonnter Komposition von Hell und Dunkel entwickelt Defregger kein historisches Bild im traditionellen Sinn des Historismus; die historische Begebenheit wird zum Genrebild und charakterisiert Defreggers Auffassung von Ereignisbildern. Die dunkle Gestalt Speckbachers tritt erhaben vor der hellen Wand hervor, die Zweiergruppe des Alten und des Anderl - im Gleichschritt und in betonter Parallelität-tritt aus dem Dunkel des Raumes ins Licht und erfährt in den im Gegenlicht der geöffneten Tür sich drängenden Schützen einen optischen Rückhalt.
Die Perspektive des Bretterbodens und der Holzbalkendecke sind auf die Zweiergruppe gerichtet. Die diagonale Orientierung von der am Tisch sitzenden Gruppe bis hin zu den ins Dunkel zurückgedrängten Figuren rechts wird durch helle Lichtwerte akzentuiert.

Ludwig von Hörmann, Die Prototype der Defregger-Bilder. Abdruck aus 'Die Presse' in den Innsbrucker Nachrichten 1876, Nr. 11, Beilage, S. 6 f.

Diesen Moment nun, wie den alten Speckbacher der zur Thür hereindringende Landsturm mit seinem unfolgsamen Buben an der Spitze überrascht, hat der Künstler aufgefaßt und in der bekannten

packenden Weise zur Darstellung gebracht. Es könnte nun vom Standpunkte der Kunst ziemlich gleichgültig sein, ob die vorgeführte Scene und die interessanteste der hierbei dargestellten Persönlichkeiten, nämlich der alte Speckbacher, genau dem geschichtlichen Factum und der Wirklichkeit entspreche, wenn nur, abgesehen von der inneren Wahrheit, das Bild in Auffassung und Beiwerk den Geist der damaligen Zeit athmete und wir, was die Figur des Hauptheldem anbelangt, darin die Züge des entschlossenen und listigen Odysseus von Anno Neun wiedergespiegelt fänden. Doch das genügte Defregger nicht. Sein Speckbacher sollte nicht bloß ein Abstractum aus der Geschichte der Thaten dieses Mannes sein, ein ideales Bild, wie es Ille allerdings in trefflicher Auffassung als Titelkupfer zu Mayr's Werk gegeben hatte, sondern es sollte das wirkliche Conterfei des "Mannes von Rinn" werden, wenigstens so viel als möglich. Die kurze Notiz bei Mayr, wo er den Eindruck beschreibt, den diese "einfache, aber dabei doch so ehrfurchtgebietende Heldengestalt im schlichten Lodenrock" auf ihn machte, bot wenig Anhaltspunkte. Dafür kam ihm ein anderer glücklicher Umstand gut zu Statten. Es befindet sich nämlich bei den in Hall lebenden Töchtern Speckbacher's ein kleines Porträt von diesem, das sein Sohn Anderl seinerzeit nach der Natur gemalt hatte. Dieses Bild legte Defregger dem Kopfe Speckbacher's zugrunde. Zugleich entlehnte er Züge von dem obengenannten Sohne des Schützenhauptmannes, Josef, der nach allgemeiner Behauptung jener, die den Vater kannten, diesem sehr ähnlich sehen soll. So entstand die wackere Gestalt, die den linken Vordergrund einnimmt. Daß der energische Schützenhäuptling zum Sprechen getroffen ist, das bezeugten am besten die Veteranen, die das Bild bei dessen Ausstellung im Innsbrucker Landhause mit Thränen der Rührung anstaunten und meinten: "Mögst net g'rad narrisch werden, wie er ihn abpotretirt hat."'

Bei der Figur des Anderl ging es nun freilich nicht so leicht, da sich kein Porträt desselben vorfand. Für diesen hatte Defregger einen netten Buben aus einer Münchener Familie als Modell. Der Protektor des Anderl, dieses Originalgesicht eines alten Schnapsbruders, ist ein graues Tegernseer Bäuerlein, das sich auf diese Ehre nicht wenig einbilden darf. Von den Köpfen der nachdrängenden Landstürmer kann ich die Quelle allerdings nicht angeben, ich weiß nur, daß sie sämmtlich Porträte sind, sei es nun von Bauern des baierischen Hochlandes oder von Tirolern, die der Künstler, der über ein seltenes Physiognomie-Gedächtnis verfügt, noch aus der Heimat mit sich trug. Auch das Local, in dem sich die Begebenheit abspinnt, entspricht, wie mir die alte Bärenwirthin versicherte, genau der Wirklichkeit. Überhaupt hat sich Defregger keinen in der Geschichte oder Tradition lebenden Zug entgehen lassen, der dem Bilde den Charakter größtmöglicher historischer Treue verleihen konnte. So erzählt, um nur nur noch auf Eines aufmerksam zu machen, Mayr S. 217, daß Anderl bei seinem Zusammentreffen mit dem Vater nach einem Gewehr geschielt habe, das an der Wand hing. Das treffen wir auch im Gemälde und zwar hängt das Gewehr an einem Hirschgeweih, das zwar jetzt nicht mehr sich vorfindet, das aber nach Aussage der obenerwähnten Postmeisterin seinerzeit dort angebracht war. Ob diese Zurückversetzung der Stube in den früheren Stand auf Rechnung des Zufalls, beziehungsweise der Phantasie des Künstlers kommt, oder ob dieser in der Tradition Anhaltspunkte hiefür fand, weiß ich nicht. Aus der Gewissenhaftigkeit, mit der Defregger bei der Schöpfung der Speckbacher-Figur zu Werke ging, möchte man fast auf das Letztere schließen.

Ausschnitt aus: Speckbacher und sein Sohn Anderl, 1869

DAS LETZTE AUFGEBOT, 1872

Öl auf Leinwand, 53,4 x 70,2 cm, bez. re. u.: Defregger 1872

München, Bayerische Staatsgemäldesammlungen, Inv. Nr. 9030

Mit den Arbeiten zum Thema der Erhebung der Tiroler gegen die französische Fremdherrschaft begann Defregger in Bozen. Eine Skizze befindet sich ebenfalls in den Bayerischen Staatsgemäldesammlungen, Neue Pinakothek, in München (Inv. Nr. 13043), eine andere in der Sammlung Schäfer in Obbach (Inv. Nr. 29516383), beide abgebildet im Werkverzeichnis Defreggers, S. 282. Das große Bild wurde 1874 vollendet, zum ersten Mal in Berlin ausgestellt und von der Gemäldegalerie in Wien angekauft. Als Gegenstück zum "Letzten Aufgebot" schuf 1876 Defregger im Auftrag der Berliner Nationalgalerie das Gemälde "Heimkehr der Sieger".
Die hier ausgestellte Skizze wurde 1921 von den Erben des Künstlers erworben.
Das Gemälde ist auf den Neujahrsentschuldigungskarten Brixen und Klausen 1883 reproduziert.

Literatur: Bote für Tirol und Vorarlberg 1874, S. 975, 1027. - A. Rosenberg, Defregger, Künstler-Monographie, hsgg. von H. Knackfuß, Bielefeld - Leipzig 1897, S. 26 f, Abb. 12. Bilder von Defregger - Geschichten von Rosegger, Wien 1880, S. 134 f. - Defregger-Album, S. 16 f., Abb. 18. - G. Hirth, Zu Defreggers Skizze: Das letzte Aufgebot. In: Jugend, 2, 1909, S. 825. - Albin Egger-Lienz, Defregger und sein Können. In: Tiroler Anzeiger 1915, Nr. 188, S. 9. - H. Hammer, Franz von Defregger, Innsbruck 1940, S. 21, 60, Abb. 21. - H. Ludwig, Piloty und seine Schule - Franz Defregger ein Tiroler in München. In: Weltkunst 1979, Heft 8, S. 940 ff. - Jörg Bahns, Einige Arbeiten des Karlsbader Glasschneiders Johann F. Hoffmann (1840 - 1900). In: Anzeiger des Germanischen Nationalmuseum Nürnberg, Nürnberg 1979, S. 162 (Kelchglas mit Gravierung des letzten Aufgebotes). -Katalog Neue Pinakothek, München 1981, S. 72. - H.P. Defregger, Defregger 1835 - 1921, Rosenheim 1983, WV S. 282.

Die Szene von 1809 wird hier von Defregger in die natürliche Kulisse einer Dorfgasse eingebettet; bereits hier in diesen frühen Historienbildern manifestiert sich die Meisterschaft Defreggers in Natur- und Architekturmotiven. Wie beim späteren Gemälde "Heimkehr der Sieger" oder beim früher entstandenen Bildwerk "Das Preispferd" wird die Menschengruppe von Häusern flankiert und darin ein Raumerlebnis gestaltet.
Im "Letzten Aufgebot" wird der Dialog des Abschiedes zwischen den aufbrechenden Männern und den in der Heimat zurückgelassenen Frauen und Kindern in vielen Detailbereichen illustriert. Die menschliche Situation steht im Hintergrund des Bildthemas, darin rückt Defregger von der strengen historienbezogenen Geschichtsmalerei ab: H. Hammer notiert dies treffend: "Was ihn auch hier von Piloty unterscheidet, ist die innere Wärme, die alles durchdringt (S. 21)."
Defreggers durchkomponiertes Schema der Gruppen- und Raumaufteilung wird hier vorzüglich offengelegt: kein Stilleben wie in den Genredarstellungen, vielmehr eine in Bewegung befindliche Szenerie aus dem Leben ist das Ergebnis. In den späteren bühnenhaften Kulissen- und Staffagebildern wird Defregger theatralischer in der Bildwirkung.

Bote für Tirol und Vorarlberg 1874, Nr. 127, S. 975

"Das letzte Aufgebot"

entnehmen wir der "Presse" folgende Schilderung: Dasselbe ist größer als die früheren Bilder des Meisters. Durch die Dorfstraße herab zieht der Großväter ernste Schaar. Sie sind mit Sensen bewaffnet die wackeren Alten und mit Morgensternen, denn das Vaterland hat gerufen. Ihre Haltung ist wohl

nicht so stramm und ihre Reihen zeigen nicht die strenge Ordnung, wie sie gewiß beobachtet worden war damals, als ihre Söhne, dem Heer-Rufe folgend, hier durchgezogen waren. Aber rüstig ist ihr Schritt und auf ihren Mienen und in ihren Augen leuchtet es wie eine Reminiscenz an frühere Tage und schon erlebten Kriegsthaten. Der Anführer, in grauer Joppe und mit dem schweren Stutzen, eine kernige Prachtgestalt, ein Prototyp jener Tapferen von Anno Neun, gibt seinen Nebenmännern noch im Gehen Lehr und Weise. Diese Spannung, welche sich in den ernsten ehrwürdigen Greisengesichtern ringsum malt, sie sagt, daß sie nicht nach Art der Jugend die Weisheit des Einen in den Wind schlagen wollen. Rechts und links an den dörflich unansehnlichen und dennoch so malerisch schönen Häusern entlang gruppiren sich verschiedene Zuseher. Nur alte Mütterlein sinds und Kinder, denn Alle, Alle sind sie fortgezogen in den Krieg, in den heißen, bitteren Kampf. Ja, daß es Kämpfe bereits gegeben, dies bezeugt der einzige anwesende jüngere Mann, der links oben auf der Stiegenlaube sitzt, den Arm in der Schlinge. Am Fuße der Stiege ist auch noch ein Zurückgebliebener, ein krüpelhafter Mann, auf die Krücken gestützt. Um ihn her stehen die Enkel und ein abgehärmtes Weib mit einem Kinde auf dem Arme. Die blickt so sinnend, so schwermüthig auf die fortziehenden Kämpen, sie denkt wohl jenes Tages, da ihr Mann ihr zum letztenmal die schwielige Rechte gereicht zum Abschiede, gerade so wie jener Schütze dort dem bedenklich dreinschauenden Mütterl. Meisterhaft ist der Ernst der Situation ausgedrückt und festgehalten, wie ein nahender Sturm liegt es über der ganzen Scene, sogar die Wolken ballen sich dräuend zusammen. Nur der Kinder ahnungslose Seele befürchtet nichts, sie sehen das seltsame Schauspiel mit naiver Neugierde an, und der Hund da links, des Hauses Hüter, auch er wird sich bald hinstrecken, unbekümmert um das Treiben der Menschen.

Bilder von Defregger - Geschichten von Rosegger, Wien 1880, S. 134 f.

Da kamen sie schon herangefahren im Sturmschritt, die alten Racker und Lotter mit den krummen Rücken und Ellbögen, mit den weißen Haarsträhnen und Stoppelbärten, auf den Achseln die Spieße und Sensen und Morgensterne und Stallgabeln und Hacken und gezähnte Messer und rostige Lanzen und Flinten. Alte in falben Lederhosen, Joppen und breiten Filzhüten. Voran marschierte der Samer-Luidl, das Brennscheit umgekehrt auf der Schulter tragend und unterwegs die Weisung schnaufend - wohin und wie anpacken! Zu seiner Rechten der Zimmermeister von Sanct Martin mit einem eisenzähnigen, stahlbespitzten Schlagprügel, der vor hundert und hundert Jahren schon auf die Türkenschädel soll niedergesaust sein. Ihm daneben der Richter von Oberschütz, dem das Recht in diesen Tagen zum Messer geworden. Links vom Luidl der weißbärtige Vieharzt Wimmer von Kreuzeck in seinem mächtigen Joppensack nicht die geringste der Waffen schleppend - einen wuchtigen Brodlaib. Und hinterher alle Anderen, Wäldler und Bergler, Hirten, Holzer, Steinklauber, Züchner; sogar der alte Vogelhändler-Michel aus Imst und ein Herrgöttltrager aus dem Pitzthale ist hinten her; jetzund brauchen die Leut' keine Kanarienvögel und keine Christusle - sintemal, zuschlagen heißt's jetzt!

Albin Egger-Lienz, Defregger und sein Können. In: Tiroler Anzeiger 1915, Nr. 188, S. 9

"Auch das Neunerjahr hat Defregger zu einer Reihe an sich trefflicher Arbeiten veranlaßt. Obenan steht "Das letzte Aufgebot", das jene düstere Stimmung "schildert", die damals (völlig wie heute) Tirol beherrschte.
Ich sage: "geschildert", denn zu jener Form, die einem Geschehen von solch geschichtlicher nationaler Tragik auf den ersten Blick das bezwingende, bedeutende Gepräge geben muß, ist da (wie in allen an-

Das letzte Aufgebot, 1874: Österreichische Galerie Wien

deren Bildern dieses Stoffes) nicht durchgedrungen worden. Das Unterhaltende, Erzählende, hat hier seine Grenzen gefunden. "Aber es packt doch jeden, der das Bild anschaut"... wird man mir mit Recht entgegnen.
Ich sage: Wer an dieses Bild keinen anderen Anspruch als den der psychologischen Schilderung stellt (als die es ja auch gemeint ist), wird kaum ein historisches Genrebild in der ganzen deutschen Kunst finden, aus welchem so heiß der Atem der Geschichtsnovelle wittert.
Dieses Bild ist so meisterhaft erzählt, wie es Gottfried Keller nicht besser gemacht hätte. Man vergleiche nur einmal ein Bild von Matthias Schmid, dessen Kunst häufig in einem Atem mit Defregger genannt wird, mit einer nur mittleren Leistung des Meisters, und man wird gewahr, was da geleistet wurde.
Aber nun kommt der Konflikt: "Genre und Geschichte." Wie das bürgerlich-behagliche Empfinden für das erzählende Genre das Herzblut ist, so fordert der Geist der Geschichte ein anderes Temperament. Wo hinaus, fordert den höchsten Grad der Schlichtheit, der Entäußerung von jeder Zutat, jedem Luxus, (oder gar theatralischer Mittel, wie beim Bilde "Andreas Hofers letzter Gang").
Eine knappere, zum Stil gewordene Form vertieft die Tragik und vergeistigt den Stoff, indem sie ihm das Materielle, Episodenhafte nimmt und ihn zum Symbol erhebt.
Die Schwächen dieser Bilder aber weisen auf Defreggers ureigenstes Reich, welches er souverän beherrscht: "Das erzählende Genre".
Ob diese Bilder dem "Malerischen" ganz entsprechen, ist eine müßige Frage... Wo so viel Wärme, Können und wahres Künstlertum zum höchsten Ausdruck gebracht ist, muß derjenige mit Blindheit geschlagen sein, der diese harmonischen Werke in ihrer Art nicht als eine Erfüllung erkennt und vielleicht an ihren malerischen Qualitäten oder an ihrer zeitgemäßen Kompositionsweise nörgelt."

HEIMKEHR DER SIEGER, 1876

Öl auf Leinwand, 140 x 190 cm, bez. li. u.: Defregger 1876

Berlin, Nationalgalerie, Stiftung Preußischer Kulturbesitz

Defregger schuf das Gemälde auf Bestellung der Nationalgalerie Berlin als Gegenstück zum "Letzten Aufgebot". 1878 war das Bild aufgrund der Thematik nicht auf der Pariser Weltausstellung gezeigt worden.
Vgl. dazu die Skizze, Werkverzeichnis S. 288.

1884 fertigte Emma von Müller unter der Aufsicht von Defregger eine vom Ferdinandeum bestellte Kopie (um 700 Gulden) an. Der Fahnenschwinger wurde 1885 für das Plakat des zweiten Österreichischen Bundes-Schiessens vom 5. - 18. August in Innsbruck als Motiv verwendet. Das Motiv der Heimkehr der Sieger wurde auf den Neujahrsentschuldigungskarten von Brixen und Klausen 1888 reproduziert.

Literatur: Tiroler Stimmen 1876, Nr. 143. - Bilder von Defregger - Geschichten von Rosegger, Wien 1880, S. 143 ff. - Defregger-Album, Text von P.K. Rosegger, Leipzig-Wien, S. 58. - A. Rosenberg, Defregger, Künstler-Monographien, hsgg. von H. Knackfuß, XVII, Bielefeld-Leipzig 1897, S. 30 f. - H. Hammer, Franz von Defregger, Innsbruck 1940, S. 21 f., 60, Abb. 22. - H.P. Defregger, Defregger 1835 - 1921, Rosenheim 1983, S. 20 f., Abb. S. 88/89, WV S. 289.

Der Betrachter steht etwas erhöht vor der Szene, der Blick geht in eine Dorfgasse. Die Distanz zur Gruppe ist im Gegensatz zum "Letzten Aufgebot" geringer. Die Häuserfront ist gestaffelt und läßt die Gassenöffnung nach rechts frei, dadurch wird der breiten Front der Männer die Diagonale der Gasse gegenübergestellt. In den Helligkeitswerten der Strümpfe des Anführers, des Schimmels und der schneebedeckten Berge wird diese Diagonale betont.
Defregger hat schon in frühen Gemälden Genre- oder Historienszenen in das Freie eines Dorfplatzes gesetzt (vgl. Preispferd, 1873), das Motiv des "Vorabend der Schlacht am Bergisel" (1877) ist ohne Architekturraum komponiert, "Andreas Hofers letzter Gang" (1878) hingegen vor eine monumentale Kulisse gesetzt.
Das historische Ereignis wird in Defreggers Gemälde mehr auf ein genrehaftes Moment der heimkehrenden Gruppe von Männern abgestimmt, nur die im Hintergrund sichtbaren gefangenen französischen Soldaten erinnern an 1809. Den literarischen Bezug fand Defregger bei Johann Georg Mayr, Der Mann von Rinn (Joseph Speckbacher) - Kriegsereignisse in Tirol 1809, Innsbruck 1851, S. 216, der allerdings die Situation der Begegnung von Josef Speckbacher und seinem Sohn Anderl beschreibt. Folgende Passage trifft aber auf das Motiv der "Heimkehr der Sieger" zu: "... und sah auf der Straße frische unterinnthalische Schützenkompagnien jauchzend und schnalzend anrücken; hinter den Musikanten (einem Trommler und einem Schwegler-Querpfeifer-) flatterte eine große Fahne mit den tirolischen Nationalfarben und dem tirolischen Felsenadler..."

Bildbeschreibung im Boten für Tirol und Vorarlberg 1884, S. 1361

Eine Compagnie des Tiroler Aufgebots, welches die Ketten Napoleons zu sprengen siegreich mitgewirkt, hält vom Schlachtfelde zurückgekehrt ihren Einzug in dem heimatlichen Dorfe, dessen ganze Einwohnerschaft zum Empfange sich auf die Beine gemacht hat. Auch die Erker und Außengänge der Häuser sind mit Zuschauern gespickt, denn alles will die aus der Feldschlacht heimkehrenden Sieger mit ihrer Beute und den gefangenen Franzosen sehen. Durch die Gasse herauf zieht in guter Ordnung, wenn auch nicht im "Parademarsch" die Compagnie, links und rechts von der den Siegern offen gelassenen Gasse steht das Dorfpublicum gruppiert, die schönste Gruppe am guten alten Wirtshause, vor dessen Eingang sich der sehr behäbige Wirt mit seiner besseren Ehehälfte und seiner Tochter postiert hat. Auch der Altmeister der Dorfschule in seiner Einmaleinskappe hat hier Posto gefaßt. Nach der bescheidenen Stellung, die der Mann unter dem Hausthore einnimmt, hat er offenbar keine Ahnung, daß nur die von ihm prakticierte riesige Schulbildung den Sieg über den französischen Marschall davongetragen. Rechts von der Straße steht das übrige ländliche Publicum. Zwei Transleithanier in Form gedankenarmer "Rastlbinder" abgerechnet, lenkt alles in freudiger Erregtheit seine Blicke auf die heimkehrenden Sieger. An der Spitze derselben marschiert der bäuerliche Hauptmann, mehr ernst als freudig gestimmt. Er denkt wohl an die vielen Tapferen, die er nicht mehr in die Heimat zurückbringt, ist auch selbst an seiner linken Hand verwundet, während seine gesunde Rechte den kampferprobten Säbel führt. Aus der ersten Reihe hinter dem Hauptmann ist bereits ein Mann ausgetreten, um seiner Liesl zum fröhlichen Wiedersehen die Hand zum Gruße zu drücken. Die wenigen Musikanten, Tambour und Pfeifer, thun ihre möglichste Schuldigkeit; zwei geben sich ganz ihrer siegverkündenden Kunst hin, der Schwögelmann, der seiner kurzen Pfeife vollkommen sicher ist, schielt nebenbei nach einer schmucken Dorfjungfer hinüber, die den Blick des schlauen Pfeifers offenbar zu würdigen weiß. Was der ernste Hauptmann an Fröhlichkeit vermissen läßt, ersetzt reichlich der kernfeste Fähnrich. Die Strapazen des Feldzugs haben ihm augenscheinlich gut angeschlagen. Die schwellende Schützenfahne mit dem rothen Aar in seiner Rechten haltend, schlägt er den knienackten Fuß in die Höhe und aus seinem weitgeöffneten Munde klingt nahezu hörbar der hellste "Juchazer". Die eroberte Kanone wird von zwei schlichten Pferden gezogen, auf deren einem als Rosselenker ein Bauernbube mit trutzi-

ger Feder auf dem Hute und geschäftsernster Miene sitzt. Dem Geschütze folgen die gefangenen Franzosen, in lichte Soldatenmäntel gehüllt, sodann im Schmucke ihrer bewährten Waffen die übrigen Landesvertheidiger, unter denen der Mann mit der eroberten französischen Fahne durch seine überselige Stimmung sich besonders bemerkbar macht. Aus dem Hintergrunde des Bildes ragt ein, auf der Spitze mit Schnee bedeckter Berg in die heute von den heimkehrenden Siegern belebte Gasse herein.

Peter K. Rosegger, Heimkehr der Sieger.
In: Bilder von Defregger, Geschichten von Rosegger, Wien 1880, S. 144 f.

Als sie näher kam, die laute übermütige Schaar, da war's bald besser zu sehen. Die Tiroler waren es, stämmige, kräftige Kerle, und auch die Alten darunter, die erst ausgezogen vor etlichen Tagen. Und mitten d'rin im tollen Haufen gefangene Kriegsknechte, entwaffnet und gefesselt, in finsterer Wuth auf ihren Karren kauernd. Und der kleine Bergamer Michel, der fürwitzige Bub', thut, als wär er auch dabei gewesen bei der großen Sach, reitet auf einem wälschen Schimmel daher, schaut drein wie ein General und ist - kommt's aufs Messen an - von der Zehe bis zur grauen Hahnenfeder ja schier so lang, wie Napoleon der Große. Und was ihm die Kanon' die auf schweren Rädern hinterdrein rollt für ein martialisch Ansehen gibt! So große Kugelstutzen haben die Leutchen noch ihrer Tage nicht gesehen, wie dieses erzene Rohr, das manch' feste Mauer durchbohrt, manch' tirolischen Kirchturm geköpft hat. Jetzund ist der Schlund gegen die Weißmäntel gerichtet, und darüber baucht sich im Wind das vaterländische Banner mit dem Doppeladler, und ein Greis humpelt von seinem Schubkarren heran, streckt die Arme aus und ruft: "O du lieber, schwarzer, sakrischer Schwanz, hab's ja g'wußt, daß dir die Flügel wieder wachsen müssen!"
Voran dem übermüthigen Zug die Musikanten mit den Schwögeln und Seitenpfeifen, mit Trommeln, Fingerschnalzen und Jauchzen. Allem voraus aber schreitet der Bauerncommandant, einen zerfetzten Soldatenmantel über der Tirolertracht, verbunden die linke Hand, mit der rechten den blanken Säbel an der Schulter - in strengem Ernste einher, trotz des unendlichen Jubels nicht vergessend an der Zeiten noch nicht gebrochene Noth.
Unweit von dem Führer, auf der Trommel wirbelnd, trottet der Haderlump, dem vor lauter Gehen und Trommeln gar die Strümpfe schon über die Waden sitzen. Er schaut nicht nach links, nicht nach rechts, er sieht nichts und hört nichts als das Rollen seiner Schlägel - der Nichtsnutz war er sonst, aber zum Wohl des Vaterlandes ist er Trommler geworden.

SAMMLUNG VOR DEM LETZTEN AUFGEBOT, UM 1880

Öl auf Leinwand, 50,5 x 65 cm,

Lienz, Museum Schloß Bruck,

Das Motiv ist in der Literatur unter verschiedenen Bezeichnungen bekannt. H. Hammer nennt ein 1898 datiertes Gemälde "Sammlung der Aufständischen", H.P. Defregger führt im Werkverzeichnis ein 1906 entstandenes Gemälde "Landsturm" (WV S. 392) und eine Skizze "Treffen zum Aufstand" (WV S. 232) auf. Der Hanfstaengl-Druck Nr. 11812 von 1907 bezeichnet das Motiv "Das letzte Aufgebot" (WV S. 388).

Literatur: H. Hammer, Franz von Defregger, Innsbruck 1940, S. 41. - H.P. Defregger, Defregger 1835 - 1921, Rosenheim 1983, S. 30, WV S. 300.

Keine hektische Szene voller Sturm und Drang, vielmehr eine ruhig versammelte Männerschar schildert Defregger auf dem Dorfplatz. Das nahende stürmische Geschehen ist nicht zu erahnen. In genrehafter Gemütlichkeit inszeniert der Maler das Ereignis, das in das Halbdunkel des Hausschattens eingebunden ist. In einem kräftigen Gegensatz steht das Haus mit Balkon in grellem Sonnenlicht, wirkt aber wie eine Bühnenkulisse. Die Raumtiefe - einst beim "Letzten Aufgebot" oder bei der "Heimkehr der Sieger" gekonnt konzipiert - wird fast negiert. Wie auf einer Bühne agieren die Männer als Staffagen eines Architekturraumes.
Eine Besprechung der Jubiläums-Ausstellung in Innsbruck 1909 in der Zeitschrift "Der Föhn", 1909, Nr. 210, gibt eine detaillierte Beschreibung der Szene:

> *Die Szene scheint im Eisaktal, etwa in der Gegend von Brixen-Klausen zu spielen. Die winkelig gebauten, bis an den First gemauerten Bauernhäuser, die Felskuppen, an denen sich holperige Wege emporwinden, die Volkstypen - diese Männer mit dem langen, schlichten Haar und den scharfen Zügen, alles trägt ziemlich ausgesprochene Lokalfarbe. Wir befinden uns am Ausgang einer Dorfgasse. Vor uns ein geräumiger Platz auf dem die Stürmer sich sammeln. Ein behäbiges, echtes Eisaktaler Haus mit vorspringendem Winkel und ovalen Lichtöffnungen im Giebel, kehrt uns im Mittelgrund seine breite, von der Morgensonne hell beschienene Front zu während an der andern Seite des Weges zwei durch einen schmalen Grasgarten getrennte Häuser breite Schatten in das Bild herein werfen und dadurch prächtige Kontraste erzielen, zugleich durch ihre Stellung den Blick in die Tiefe führen, gegen den Feldrain zu, von wo eben in gedrängten Massen die Sturmmannschaft der Nachbardörfer oder des Hintertales anrückt. Auch an der entgegengesetzten Seite des Bildes, wo der Blick über das niedrige Scheunendach des im Mittelgrund stehenden Hauses hinweg die noch von Morgennebeln umzogenen, blauduftigen Berge der gegenüberliegenden Talseite erspäht, zeigen sich Gruppen von Stürmern, wie sie festen Schrittes den steilen Bergweg herabklimmen. Auf dem Platz hat sich trotz der, nach dem Stand der Sonne zu urteilen, sehr frühen Stunde ein reges Leben entwickelt. Wohlbepackt steht ein Munitionswagen in der Ecke; vor demselben sehen wir eine Gruppe von Männern, deren vorderster mit Wettermantel, kurzem Schnurrbart, entschlossenen, etwas düsteren Zügen, unwillkürlich an Speckbacher mahnt und wohl der Kommandant der Sturmmasse sein dürfte, etwas abseits von den Uebrigen in eifriger Besprechung. Ihnen zunächst erregen einige Alte, die erwartend gegen vorn blicken -denn offenbar hat das Dorf noch nicht alle seine Mannen versammelt - durch die außerordentliche Charakteristik ihrer Typen unsere Aufmerksamkeit. Auch die mit den letzten primitiven Vorkehrungen zum Abmarsch beschäftigte und mit echt bäuerlicher Behäbigkeit ganz in dieses Geschäft versenkte Gruppe am Brunnen - ein junger, blonder Bursche, der, uns den Rücken zuwendend, auf dem Dorfbrunnen sitzt und fleißig seinen Stutzen einölt, während ein älterer Kamerad, ein echter Südtiroler Bergbauer mit dunklem Vollbart, blitzendem Aug und schön geschnittenen Zügen seine Tätigkeit angelegentlich verfolgt - wird und muß unser Gefallen erringen. Sie sind ja - so ganz wie sie noch heute in unsern Bergen leiben und leben - von einem feinen, intimen Kenner unseres Volkes der Wirklichkeit nachgezeichnet und mehr als einen Besucher der Ausstellung hörte man vor dieser Gruppe sagen: "Die hab ich ja beim Festzug gesehen!" - Ebenso natürlich ist die Frauen- und Kindergruppe, die von der Freitreppe des rechtsstehenden Hauses unter dem typisch-südtirolerisch säulengetragenen Vorbau dem Auszug der Stürmer zusieht, zum Teil mit diesen spricht. Die ganze Gruppenbildung ist überhaupt vorzüglich und wie prächtig sind Licht und Schatten verteilt, wie meisterhaft ist die Morgenstimmung gegeben! Und trotz alledem weckt das Bild keine tiefere Anteilnahme. Das Milieu ist prächtig, die Typen sind naturgetreu, die Inszenierung meisterhaft, aber der große, alles b e s e e l e n d e G e d a n k e, der aus der Dorfbrunnenszene die E r h e b u n g s z e n e des für Gott, Kaiser und Vaterland ausziehenden Volkes macht, fehlt.*

ANDREAS HOFER, 1880

Öl auf Holz, 30,5 x 21 cm, bez. re. u.: F. Defregger 80

Innsbruck, Tiroler Landesmuseum Ferdinandeum, Inv. Nr. Gem. 1694 (Leihgabe des Landes Tirol)

Das Bildnis kam aus dem Besitz Kaiser Franz Josefs an einen Hofbeamten, nach dessen Tod erwarb es der Wiener Opernsänger Fritz Werner. Aus der Versteigerung bei Kende in Wien kam es in den Besitz des Berliner Kunsthändlers Lotz, von dem es das Land Tirol erwarb. (Mitteilungen von Prof. Dr. Granichstaedten - Czerva an Prof. Dr. V. Oberhammer 1939).

Literatur: Katalog Neuerwerbungen 1938/39, Tiroler Landesmuseum Ferdinandeum, Innsbruck 1939, S. 94 f., Nr. 44 mit Abb. - H.P. Defregger, Defregger 1835 - 1921, Rosenheim 1983, Abb. S. 160, WV S. 296.

Das Bildnis scheint eine Detailwiederholung des Porträts Andreas Hofers aus dem Gemälde "Andreas Hofers letzter Gang" aus dem Jahre 1878 zu sein (Defregger 1983, Abb. S. 102). Ende der 70er Jahre suchte Defregger eine Realisierung eines Zyklusses der führenden Tiroler Volkshelden von Anno Neun. Zusammen mit den Malern Nikolaus Gysis und Eduard Kurzbauer reiste Defregger 1878 nach Mantua, um Hofers Todesstätte zu sehen. "Andreas Hofers letzter Gang" wurde dann zu einer der ersten 'historischen' Kompositionen, in denen das Pathos und die theatralische Bühnenrealität im Vordergrund verwirklicht war.
In der malerischen Prägnanz zählt das Hofer-Bildnis zu den wirklichkeitsnahen, lebendigen Darstellungen des Freiheitskämpfers im Nachhall der zeitgenössischen Bilder. Defreggers später entstandene Hofer-Bildnisse sind in ihrer dekorativen Wirkung mehr auf Repräsentation ausgerichtet.

SPECKBACHERS AUFRUF, 1886

Öl auf Leinwand, 148 x 194 cm, bez. li. u.: Defregger 1886

Obbach, Sammlung Schäfer, Inv. Nr. 37051896

Vgl. dazu die Skizze, abgebildet im Defregger-Werkverzeichnis, S. 320. - Eine Kopie des Gemäldes wurde auf Anregung und Kosten Defreggers unter seiner Aufsicht hergestellt und dem Museum Ferdinandeum in Innsbruck geschenkt.
Das Motiv wurde in einer Federzeichnung unter dem Titel "Vor dem Aufstand" auf der Neujahrsentschuldigungskarte Brixen 1887 reproduziert.

Literatur: J. Garber, Die Gemälde Defreggers im Museum Ferdinandeum. In: Tiroler Anzeiger 1921, Nr. 14, S. 2. - H. Hammer, Franz von Defregger, Innsbruck 1940, S. 37. - H.P. Defregger, Defregger 1835-1921, Rosenheim 1983, WV S. 324.

Defregger hat in dieser lichterfüllten Interieurszene wieder Anschluß an die malerisch und kompositionell großartigen Gestaltungen der frühen genrehaften Historienbilder (vgl. Speckbacher und sein Sohn Anderl) gefunden. Trotz der energischen Gestik Speckbachers wirkt die Begebenheit in dem Kellergewölbe intim. Gekonnt zelebriert Defregger die Augengestik, die verschiedenen Charaktere und vor allem die beherrschende Figur Speckbachers und dessen Ausstrahlung auf die Versammelten. Neben den intensiv beschäftigten Kartenlesern -als ruhendem Pol in der Komposition - 'explodiert' die Figur Speckbachers in der aggressiven Drehung zur Raummitte.

Franz Defregger schrieb am 16. Juli 1885 an David von Schönherr: "Was ich jetzt male, ist Speckbacher vor dem Aufstand. Er versammelt seine Bauern und teilt ihnen das Anrücken der Feinde mit, indem er ein Zeitungsblatt krampfhaft in der Hand hält. Und da wollte ich Sie eigentlich schon längst fragen, ob und was wohl etwa für eine Zeitung damals in Tirol war. Ich werde Sie am 1. oder 2. August in Innsbruck aufsuchen und dann können wir diesen Fall mündlich besprechen" (zitiert nach J. Garber, 1921). Dieser Hinweis zeigt das historische Interesse Defreggers für die geschichtlich fundierte Darstellung der Ereignisse.

PETER SIGMAIR, DER THARERWIRT VON OLANG, 1893

Öl auf Leinwand, 235 x 193 cm, bez. li. u.: F. Defregger 1893

Innsbruck, Tiroler Landesmuseum Ferdinandeum, Inv. Nr. Gem 870

Auf Anregung von Prof. Zingerle schuf Defregger das vorliegende Thema, dem auch das Buch "Der Tharerwirth" von Johann Steck, Innsbruck 1893, gewidmet war. Das Gemälde war erstmals auf der Münchner Kunstausstellung 1893 ausgestellt, fehlte aber auf der Landesausstellung des gleichen Jahres in Innsbruck. Auf Vorschlag des Museumsvorstandes Hofrat Wieser wurde der Ankauf des Bildwerkes um 5.000 Gulden in der Ausschußsitzung vom 12. Jänner 1894 beschlossen. Eine Ölskizze (Öl auf Holz, 40,5 x 31,2 cm, Inv. Nr. Gem 940) kam 1897 durch das Legat David von Schönherrs an das Ferdinandeum.
A. Rosenberg, 1897 veröffentlichte zwei Kreidezeichnungen: Kopf des Peter Sigmair und Kopf dessen Frau, Abb. 61 und 62.
Eine Wiederholung des Gemäldes führt H.P.Defregger in seinem Defregger-Werkverzeichnis, S. 375 an (Öl auf Leinwand, 120 x 95 cm, um 1900).

Literatur: Fr. Pecht, Der Tharerwirt. In: Tiroler Anzeiger 1893, Nr. 190. - Ders., Der Tharerwirt. In: Bote für Tirol und Vorarlberg 1893, S. 2395. - Tiroler Stimmen 1893, Nr. 298. - Anonym, Das neueste Werk des vaterländischen Malers Defregger. In: Andreas Hofer 1894, Nr. 1, S. 6 f. - C. Fischnaler, Der Tharerwirt. In: Illustrierte Frauen Zeitung 1894, Heft 20, S. 159 f. - L. v. Hörmann, Das neueste Bild Defreggers (zum Gedächtnis der Erschießung Peter Sigmairs). In: Die Presse 1894, Nr. 19. - A. Rosenberg, Defregger. Künstler-Monographie, hsgg. von H. Knackfuß, Bielefeld - Leipzig 1897, S. 68 f. - J. Garber, Die Gemälde Defreggers im Museum Ferdinandeum. In: Tiroler Anzeiger 1921, Nr. 14, S. 2. - H. Hammer, Franz von Defregger, Innsbruck 1940, S. 123, Abb. 73. - H.P. Defregger, Defregger 1835 - 1921, Rosenheim 1983, S. 30, WV S. 341.

Den französischen Truppen gelang es nicht, des Schützenoberleutnants von Mitterolang im Pustertal, Peter Sigmair, habhaft zu werden. Erst die Verhaftung seines Vaters und die Drohung des Generals Broussier, diesen erschießen zu lassen, falls sich Peter Sigmair nicht innerhalb von drei Tagen stelle, bewirkte beim Tharerwirt, sich zu stellen und den Vater damit zu retten. Am 14. Jänner 1810 wurde Peter Sigmair vor dem Baumgartner-Bildstöckl erschossen.
Die Wandlung in der Konzeption Defreggers von der kleinen Ölskizze zum großen Gemälde wird vor allem in der Tendenz zu theatralischer Bewegung des Geschehens augenscheinlich. Von der Statik der schlichten Gegenüberstellung Sigmairs und des französischen Soldaten hat sich Defregger in der endgültigen Fassung zu einer dramatischen Auseinandersetzung der Personen gewandt, zu einer Momentaufnahme mit allen szenischen, aber auch psychologischen Erfahrungswerten, die einem Historienbild zukommen. Dramatik hat Defregger über die Wahrheit gestellt: der Bericht im Andreas Hofer 1894, Nr. 1, S. 7, notiert, daß der Tharerwirt bei diesem Ereignis erst acht Monate verheiratet gewesen sei und keine Kinder hatte.
Mit all den menschlichen Gefühlsregungen und physiognomischen Differenzierungen hat Franz Defregger ein "lebendes Bild" mit vollem Pathos der Ereignisse von 1809 geschaffen.

Ludwig von Hörmann, Das neueste Bild Defreggers. In: Die Presse 1894, Nr. 19

> *"Diesen erschütternden Moment, wie der junge Peter Sigmair zur Thür hereintritt, hat Meister Defregger zum Vorwurf seines Bildes genommen. Nur weicht er von der geschichtlichen Thatsache insofern ab, als er die Scene aus dem Gefängniß von Bruneck ins Gelaß des Tharerwirthshauses verlegt. Dadurch wurde es ihm ermöglicht, durch Antheilnahme der Familieden Gegenstand wirksamer zu machen. In der Mitte des Bildes erblickt man, von zwei französischen Soldaten bewacht, den alten blinden Vater auf einer Truhe sitzend. Um seine Knie sind ein paar herzige Enkel, Buben und Mädchen, geschmiegt, die Freude des lichtlosen Greises. Im Hintergrunde rechts schafft das junge Weib Peter Sigmair's. Da wird die Thür aufgerissen und herein stürzt der Gatte und Sohn. Sein Blick ist auf den Vater gerichtet; er ist nicht zu spät gekommen, er hat ihn noch lebend getroffen. Der Aufschrei rückwärts: "Jesus, Maria, mein Mann!" belehrt den blinden Alten, was geschehen. Abwehrend und fast zürnend hält er die rechte Hand gegen ihn erhoben, die Linke stützt sich krampfhaft auf den Sitz, um ihm beim Aufstehen behilflich zu sein. Schüchtern und verwundert blickt das kleine Mädchen mit seinen treuherzigen Augen zum Vater auf. So streng und ernst hat es niemals sein Antlitz gesehen. Es ahnt nur halb und halb, daß etwas Außergewöhnliches vor sich gehe; das jüngere Brüderchen ihr zur Seite mit der Roblerfeder auf dem Hute steht unbefangen und keck daneben. Einen äußerst feinen Zug hat der Künstler in die beiden bewachenden Soldaten gelegt. Während der eine sofort auf den Eintretenden losstürzen will, um ihn zu fassen, hält ihn der andere, der vielleicht selbst Weib und Kind daheim hat, gerührt von dem Anblick, zurück, als wollte er sagen: Sei unbesorgt, der läuft uns nicht mehr fort."*

Aus: Andreas Hofer 1894, Nr. 1, S. 6

> *Während die junge Frau des Helden mit ihren zwei Kindern beim gefangenen Vater zu Besuche ist, öffnet sich die Thüre und Siegmair tritt herein. Eine in jeder Hinsicht großartige, dramatisch bewegte Heldenfigur, die zu den besten Schöpfungen des Meisters zählt, ist der junge Tharerwirth; in seinem gebräunten Antlitze zeichnen sich in prächtiger Weise die durchgemachten Entbehrungen und Strapazen, der Zorn über den Barbarismus der Franzosen zugleich mit der bangen Sorge um das Leben des Vaters. Dieser wieder hebt abwehrend die Hand, als wolle er den Sohn von seinem Schritte zurückhalten, da doch sein Leben keinen Werth mehr besitzt; daneben das entsetzte Weib und in wirksamen Kontrasten hiezu die beiden Kinder; auch die beiden Soldaten gestaltete er zu zwei Charakterfiguren;*

der eine, der sofort den lange Gesuchten ergreifen will, während der zweite, von der Handlung des Sohnes sichtbar ergriffen, abwehrend die Hand auf den Arm des einen legt. Neben der trefflichen Schilderung der Charaktere und der tiefen Empfindung, die allen Gestalten eigen ist, bewundern wir namentlich die feine Farbenbestimmung, die die Großartigkeit nur umsomehr zum Ausdrucke bringt. Kurzum, das Ganze ist wieder ein Bild, das sich den besten Werken des Meisters anreiht, wenn es dieselben nicht übertrifft.

TIROLER HELDEN, 1894

Öl auf Leinwand, 145,5 x 120,2 cm, bez. re. u.: Defregger 1894

Innsbruck, Tiroler Landesmuseum Ferdinandeum, Inv. Nr. Gem 908

Das Gemälde wurde auf Anregung des Komitees der Lehrmittelausstellung in Innsbruck vom Tiroler Landeslehrerverband bestellt, später im Museum Ferdinandeum deponiert und schließlich 1896 von diesem erworben. Die Fa. Eduard Hölzel, Wien, fertigte 1895 einen Farbdruck (24 Farbsteine und eine Prägeplatte) an.

Literatur: Bote für Tirol und Vorarlberg 1895, S. 546. - J. Garber, Die Gemälde Defreggers im Museum Ferdinandeum. In: Tiroler Anzeiger 1921, Nr. 14, S. 2. - H.P. Defregger, Defregger 1835 - 1921, Rosenheim 1983, S. 30, WV S. 341.

Die Tiroler Freiheitskämpfer Andreas Hofer, Pater Joachim Haspinger und Josef Speckbacher halten zusammen mit dem Sekretär Hofers, Kajetan Sweth, Kriegsrat.
Das Bild zählt zu den repräsentativen und bald offiziellen Historienbeiträgen zur Geschichte des Freiheitskampfes in Tirol 1809 und hing in fast allen Schulzimmern.
Fern einer genrehaften Illustration sind nun die Persönlichkeiten in ihrer Mentalität charakterisiert. In einer eher natürlichen Pose ohne Pathos erscheint Andreas Hofer in der Mitte der Runde und ist - wie Speckbacher und Sweth - auf den einen Bericht lesenden Pater Haspinger orientiert. Durch die großfigurige Komposition der Bildfläche wirken jedoch die Personen wie Statisten eines Schauspiels.
Die Figur Andreas Hofers ist in einem ganzfigurigen Bildnis aus dem Jahre 1897 (Defregger-Werkverzeichnis S. 362: Öl auf Leinwand, 202 x 104 cm, Bergisel - Museum, Innsbruck) wiederholt und wurde von Albin Egger-Lienz kopiert (Privatbesitz). Die Pose Speckbachers und Hofers findet sich in den Bildnissen Albin Egger-Lienz' wieder.

Pater Haspinger, Ausschnitt aus: Tiroler Helden, 1894

Josef Speckbacher und Kajetan Sweth, Ausschnitt aus: Tiroler Helden, 1894

DER KRIEGSRAT ANDREAS HOFER, 1897

Öl auf Leinwand, 138,5 x 174 cm, bez. li. u.: Defregger 1897

München, Bayerische Staatsgemäldesammlungen, Nr. 8035

Ausgestellt auf der 7. internationalen Kunstausstellung in München 1897. Eine Skizze dazu (Öl auf Leinwand, 66,3 x 89,7 cm) befindet sich in Privatbesitz (s. Werkverzeichnis Defregger, S. 360). Das Gemälde wurde 1897 unter dem Titel 'Ein Kriegsrat 1809' bei Franz Hanfstaengl, München-London-New York, Nr. 9347, reproduziert und veröffentlicht.

Literatur: Katalog der 7. internationaler Kunstausstellung, München 1897, S. 79. - H. Hammer, Franz von Defregger, Innsbruck 1940, S. 124, Abb. 74. - H.P. Defregger, Defregger 1835 - 1921, Rosenheim 1983, Abb. S. 193, WV S. 362.

Defregger greift für seine Komposition wieder mehr auf das genrehafte Sujet zurück; ohne heldenhafte Pathetik schildert er eine Szene aus der Vielfalt der Ereignisse ohne unmittelbaren Bezug zu einer bestimmten historischen Vorlage. Die Komposition ist auf die um den Tisch gruppierten Männer, unter ihnen Andreas Hofer, Joachim Haspinger und Josef Speckbacher, konzentriert, der Umraum der Scheune ist ohne viel Requisiten gestaltet. Optisch und formal wirkt die Person Hofers vor dem grellen Hintergrund der Mauer und hinter dem Tisch als Mittelpunkt: formal entsprechen die späteren Andreas-Hofer-Bildnisse (vgl. Werkverzeichnis) dieser Konzeption. Der gebeugte Haspinger ist aus dem Gemälde 'Tiroler Helden' aus dem Jahre 1894 übernommen.
Das Motiv der um einen Tisch gruppierten Personen zählt zum Repertoire Defreggers. Die gestische Dramatik der Szenerie des ''Speckbachers Aufruf'' oder des frühen Bildes ''Speckbacher und sein Sohn Anderl'' fehlt in diesem Motiv des ''Kriegsrates''.

Ausschnitt aus: Der Kriegsrat Andreas Hofers, 1897

Andreas Hofer, Pater Haspinger und Josef Speckbacher
Ausschnitt aus: Der Kriegsrat Andreas Hofers, 1897

IM TIROLER FREIHEITSKAMPF, 1902

Öl auf Leinwand, 141,5 x 191 cm, bez. li. u.: Defregger 1902

Privatbesitz

Vgl. Skizze (Öl auf Leinwand, 60 x 80 cm) im Defregger-Werkverzeichnis, S. 366. - Das Gemälde wurde 1906 unter dem Titel 'Aus den Befreiungskriegen' und der Nr. 11748 bei Franz Hanfstaengl, München-London-New York, reproduziert.

Literatur: H. Hammer, Franz von Defregger, Innsbruck 1940, S. 41, 126, Abb. 75. - H.P. Defregger, Defregger 1835 - 1921, Rosenheim 1983, WV S 380.

Das Gemälde ist in zwei Raumpositionen komponiert: das Blockhaus mit der mit erhobenen Armen und entsetztem Blick herausstürzenden Frau sowie der Großmutter mit dem Enkelkind und die Mittelgruppe mit dem verwundeten Bauern sowie den raumabschließenden Akzenten der Rückenfigur des Großvaters und des Hundes breiten sich im Bildvordergrund aus und stehen in grellem, die Konturen scharf zeichnenden Licht. Zur zweiten Raumebene leitet der den Stutzen und den Hut des Vaters nachtragende Bub über: im Hintergrund auf der Anhöhe drängen sich die Verteidiger vor dem Abhang und bringen die Kanone in Stellung. Man möchte an die Verteidigung und an den Kampf am Berg Isel 1809 denken, im Hintergrund steigt die Martinswand hoch auf. Man fühlt sich an Michael Zeno Diemers Panoramabild der Schlacht am Berg Isel (1895/96) in Innsbruck erinnert. Die Prägnanz und Schärfe der Zeichnung und Malweise läßt die Bindung an die frühen Historienbilder deutlich werden, vom genrehaften ''Verwundeten Jäger'' (in ähnlicher Komposition geprägt) von 1867/68 rückt Defregger nun in einer pathetischen Intensität ab. Künstlerische und stilistische Bezugspunkte liegen vielmehr bei den frühen Historienbildern eines Hans Kapferer, Peter Ortner oder Schnorr von Carolsfeld.

Ausschnitt aus: Im Tiroler Freiheitskampf, 1902

Ausschnitt aus: Im Tiroler Freiheitskampf, 1902

ALBIN EGGER - LIENZ

1868	*29. Jänner in Stribach, Gemeinde Dölsach, als uneheliches Kind der Maria Trojer und des Georg Egger geboren, auf den Namen Ingenuin Albuin Trojer getauft.*
1877	*mit Bewilligung der k.k.Statthalterei Lienz den Familiennamen in "Egger" umgeschrieben*
1882	*erste künstlerische Unterweisungen beim Maler Hugo Engl, auf sein Anraten*
1884	*an die Akademie München, Antikenzeichnen bei Karl Raupp, Bekanntschaft mit Franz von Defregger, Freundschaft mit Zeno Diemer und Eduard Thöny*
1885/86	*Naturklasse bei Prof. Gabriel von Hackl*
1886/93	*Komponierklasse bei Prof. Wilhelm von Lindenschmit d. J.*
1891	*erste Ausstellung im Münchner Glaspalast*
1893	*Große Silberne Medaille der Akademie für das Gemälde "Karfreitag"; Abschluß der Akademie, als freier Maler in München tätig.*
1899	*Übersiedlung nach Wien*
1900	*Mitglied der Genossenschaft bildender Künstler Wiens (Künstlerhaus), Gründungsmitglied des Hagenbundes*
1901	*Große Goldene Staatsmedaille für das Gemälde "Das Kreuz"*
1903	*Eröffnung einer Malschule für Damen*
1906 ff.	*Jährliche Aufenthalte in Längenfeld im Ötztal*
1909/10	*"Einzug König Etzels in Wien", Gemälde für das Wiener Rathaus*
1910	*Professur an der Wiener Akademie durch Erzherzog Franz Ferdinand vereitelt. Austritt aus der Wiener Secession*
1911/12	*Übersiedlung nach Hall in Tirol*
1912/13	*Professur an der Großherzoglichen Hochschule für bildende Kunst in Weimar. "Das Leben". Ausstellung in Dresden: Hodlerstreit.*
1913	*Aufenthalt in Holland, u.a. in Katwijk, "Das Meer" (Übersiedlung in den Grünwaldhof in St. Justina (Rentsch) bei Bozen.*
1914	*"Der Mensch"*
1915/16	*Standschütze, Kriegsmaler in Zivil "Der Krieg", "Uhnow", "Den Namenlosen"*
1918	*"Finale"*
1919	*"Generationen"*
1920	*"Der Pflüger"*
1921	*Neufassungen der "Schnitter", des "Totentanzes"*
1922	*Ehrenmitglied der Bayerischen Akademie der Schönen Künste; Großer Preis der Stadt Venedig; "Selbstbildnis" in die Porträtgalerie der Uffizien in Florenz; "Kriegsfrauen", "Mütter"*
1924	*"Die Auferstehung", Entwürfe zur Ausgestaltung der Lienzer Kriegerkapelle; Lünettenbilder im Sitzungssaal der Industriellen der Tiroler Handelskammer*
1925	*Ehrenbürger von Lienz, Dr. h.c. der Universität Innsbruck; Fresken in der Lienzer Kriegergedächtniskapelle*
1926	*4. November im Grünwaldhof in St. Justina gestorben*

JOSEF SPECKBACHER, 1895

Öl auf Leinwand, 156 x 115 cm
bez. re. u.: A. Egger Lienz, München 1895; re. o.: Josef Speckbacher
Innsbruck, Bergisel - Museum

Das Bildnis war 1896 in der Kunsthandlung Unterberger in Innsbruck zum ersten Mal ausgestellt.
Eine Kopfstudie (Öl auf Pappe, 22,6 x 18,5 cm; W. Kirschl, Werkverzeichnis M 102), befindet sich in Innsbrucker Privatbesitz.
Albin Egger-Lienz hatte das Gemälde als Gegenstück zum Andreas-Hofer-Bild Franz von Defreggers für die Tiroler Heldengalerie gemalt.

Literatur: Z., Das Porträt Speckbachers, In: Innsbrucker Nachrichten 1896, Nr. 24, S. 2. - Bote für Tirol und Vorarlberg 1896, S. 170, 186. - Tiroler Stimmen 1896, Nr. 23. - C.H.Weigelt, Albin Egger-Lienz, Berlin 1914, WV S. 53. - G. Nicodemi, Albino Egger-Lienz, Brescia 1925, WV S. 32. - J. Soyka, A. Egger-Lienz, Leben und Werk, Wien 1925, WV S. 61. - H. Hammer, Albin Egger-Lienz, Innsbruck 1930, WV S. 263, Abb. S. 45. - W. Kirschl, Albin Egger-Lienz. Das Gesamtwerk, Wien 1977, WV S. 513, M 103 mit Abb.

Das spätere Standort - die Tiroler Heldengalerie im Bergisel-Museum in Innsbruck - prägte sichtlich die Auffassung des Bildwerkes. Die heroische Haltung, die energische, kämpferische und dynamische Mentalität des Schützenkommandanten dominiert. Die Einbindung der Figur in einen malerisch-lichterfüllten, aber neutral wirkenden Raum verstärkt die Gestik.
Im Gegensatz zur statischen Festigkeit des Andreas-Hofer-Bildes von Franz Defregger aus dem Jahre 1897 (H.P.Defregger, Werkverzeichnis S. 362) erweist sich die prägnante Dynamik des Egger-Entwurfes als markante Stilsprache. Erinnerungen an die "Tiroler Helden" von Defregger aus dem Jahre 1894 werden sichtbar, aber allein die 3/4-Drehung des Körpers in voller Dimension des Bildfeldes macht das Egger-Gemälde zu einer monumentalen Darstellung.

Z., Das Porträt Speckbachers. In: Innsbrucker Nachrichten 1896, Nr. 24, S. 2 (Abdruck im Boten für Tirol und Vorarlberg 1896, S. 186):

Das Bild hat etwas Packendes, Frappierendes, das momentan und unwiderstehlich auf den Beschauer wirkt. Was die äußere Darstellung anlangt, hat sich der Maler im ganzen und großen an Defregger'sche Vorbilder gehalten. So findet sich der Hut Speckbachers auch auf dem Bilde "Tiroler Helden von 1809" des genannten Meisters, die Drapierung des grauen Lodenmantels, sowie die sonstige Bekleidung erinnert an den "Tharerwirt" im Ferdinandeum. Auch im Colorit zeigt unser Bild mit dem genannten Gemälde unleugbare Verwandtschaft, es herrscht ein grauer, ziemlich kühler Gesammtton vor, nur das Roth der Weste bringt etwas Wärme in das Farbenensemble. Abweichend hingegen von dem durch Defregger geschaffenen ist der Gesichtstypus Speckbachers. Das Meisterstück am ganzen ist der Kopf und vor allem das Auge; hier wird der Künstler ganz originell, ja geradezu genial. Die Malweise ist breit und von echt künstlerischem Schwunge, ohne minutiöse Detailisierung, alles keck und flott hingeworfen, jeder Strich sitzt, wirkt, ist unentbehrlich für den Gesammteindruck. Wir werden hier beinahe an jenen breiten, virtuosen Vortrag gemahnt, den wir bei dem gewaltigen holländischen Heros der Porträtkunst, bei Franz Hals in der Zeit seiner künstlerischen Reife bewundern. Speckbacher ist offenbar in dem Augenblicke gefaßt, wie er gerade auf den Feind zum Angriff losstürzen will. Der Maler hat keine billige Porträtpose gewählt, er wollte seinen Mann schildern in der ihm

JOSEF SPECKBACHER

zukommenden Eigenschaft als Held. Kampfesgier, glühender, unauslöschlicher Haß entsprüht diesem intelligenten Feuerauge, unerbittliche Entschlossenheit, die weder Wanken noch Weichen, die nur Tödten oder Getödtet werden kennt. Es liegt eine erschreckende Unmittelbarkeit, eine bis fast ins Uebermenschliche gesteigerte Kraft, ein unheimlich düsteres und doch versengend heißes Lodern in dem Blicke dieser Augen, auf die ein eigenthümliches, markantes Licht fällt. Wir ahnen eine Seele, in der es glüht und brodelt wie in einem Vulkan, wo der Muth zur Tollkühnheit sich steigert, einen Geist, den eine flammende Begeisterung mit sich fortwirbelt wie ein unwiderstehlicher Sturm. Damit hat Egger aber das Ziel der Porträtkunst erreicht, er hat nicht nur Speckbacher dargestellt wie er äußerlich ausgesehen haben muß, er hat ihm auch die Seele eingehaucht, und das kann nur der gottbegnadete Künstler.

AVE MARIA NACH DER SCHLACHT AM BERGISEL, 1894 - 96

Öl auf Leinwand, 343 x 493 cm, bez. re. u.: A. Egger Lienz, München 1896

Innsbruck, Tiroler Landesmuseum Ferdinandeum, Inv. Nr. Gem. 457

In der Jahresausstellung der Münchner Künstlergenossenschaft war das Bild im Sommer 1896 (Kat. Nr. 138) im Münchner Glaspalast zum ersten Mal der Öffentlichkeit vorgestellt. 1897 hatte es der Staat um 8.000 Gulden angekauft und 1953 dem Land Tirol überlassen.
Das Motiv wurde in einem Holzstich von Fallscheer und Liederwald, München, in der illustrierten Zeitschrift 'Moderne Kunst', Berlin 1907, Heft 16 veröffentlicht.
W. Kirschl konnte insgesamt 17 Entwürfe und Studien in Öl (WV S. 509 ff., M 73 - 89) und neun Zeichnungen (WV S. 590, Z 235 - 243) nachweisen und damit authentisch die Entwicklung der Komposition darlegen.

Literatur: Z., Kunstausstellung im Glaspalast zu München 1896. In: Bote für Tirol und Vorarlberg 1896, Nr. 158, S. 1290. - Innsbrucker Nachrichten 1896, Nr. 170. - Andreas Hofer 1897, S. 148. - Bote für Tirol und Vorarlberg 1897, S. 547. - C.H.Weigelt, Albin Egger-Lienz, Berlin 1914, WV S. 53, Tf. 4. - G. Nicodemi, Albino Egger-Lienz, Brescia 1925, WV S. 32, Abb. II. - J. Soyka, A. Egger-Lienz, Leben und Werk, Wien 1925, WV S. 61. - H. Hammer, Albin Egger-Lienz, Innsbruck 1930, WV S. 264. - F. Kollreider, Albin Egger-Lienz, Innsbruck 1963, S. 44/45, Abb. 15. - W. Kirschl, Albin Egger-Lienz. Das Gesamtwerk, Wien 1977, S. 42 ff., Abb. S. 46, S. 509, M 72. - Albin Egger-Lienz, mit einem Essay von K. Sotriffer, Wien 1983, S. 15, Abb. 6.

Egger-Lienz hat sich bereits 1894 mit dem Thema dieses Historienbildes beschäftigt: dies geht aus einem Briefwechsel mit Prof. Zeno Diemer in München hervor, der zur gleichen Zeit das große Panoramabild mit der Darstellung der Schlacht am Bergisel für das Innsbrucker Rundgemälde in Arbeit hatte. Nach W. Kirschl entstanden von Mai bis Herbst 1894 lebensgroße Ölstudien nach Bauern in Matrei, Virgen und Obermauern, die dem Maler Modell standen. Im Herbst 1894 begann Egger in München mit der Untermalung in Grau in Grau.
Für die Komposition - vor allem im ersten Entwurf - hat W. Kirschl mit Recht die Parallelität der Konzeptauffassung Eggers mit dem Motiv "Choral nach der Schlacht von Leuthen" von Arthur Kampf, 1887, notiert.

Die später - konkreter - im "Kreuz" vorgelegte Komposition mit der asymmetrischen Gruppengestaltung ist hier bereits angedeutet. Noch liegt aber hier die Männerschar in einer weiträumigen Bühne vor dem Waldrand, die an eine szenische Aufführung erinnert. Die Ausgewogenheit der kompositionellen Diagonal- und Horizontallinien trägt wesentlich zu statischen Wirkung bei.

Z., Kunstausstellung im Glaspalast zu München 1896. In: Bote für Tirol und Vorarlberg 1896, Nr. 158, S. 1290.

Von den übrigen Tirolern, wenn wir nicht irren, stellt nebst Wopfner nur mehr Albin Egger von Lienz, der geniale Schöpfer des mit Recht bewunderten Speckbacherportraits der Bergisel-Heldengallerie aus. Diesmal ist es eine kolossale Schöpfung, in der wir die enorme Gestaltungskraft Eggers bewundern können, er nennt das Bild: "Ave Maria nach dem Kampfe am Berge Isel 1809". Es herrscht fast derselbe graue Gesammtton vor wie am Speckbacher-Portrait, nur noch um eine Stufe kälter, rücksichtslos härter; Egger scheint fast absichtlich die coloristischen Effecte verschmäht zu haben, so daß sein Bild unter den buntschillernden Nachbarn schon durch den düstern Ernst der Farbe auffällt. Allerdings soll eine Abendstimmung zum Ausdruck kommen, aber es fehlen eben jene weichen, milden Übergänge, die welligen Seidenschleier der Dämmerung, die sich versöhnend über alle schroffen, scharfen Gegensätze in Farbe und Form breiten. In diese Natur nun passen Eggers Gestalten; das sind keine Bühnenbauern, die dem Publicum zu Liebe in ihrem sorgfältig geputzten Sonntagsrocke stecken, nein - die abgehärmten, vom Schlachtenmorde noch müden Leute sind's ohne Retouche, in schrecklicher Wahrheit. Sie knien in langen Reihen hinter einander, ein Schwerverwundeter röchelt im Arm eines Kampfgenossen, alle beten laut - aber nicht gewöhnliches Gebet, sondern es ist ein Angstschrei des von der Todesnoth des Tages zerquälten Herzens, der schaurig wie ein Blutstrahl zum nächtigen Himmel springt.

DER SCHWUR DER DREI BUNDESGENOSSEN, 1897

Öl auf Leinwand, 171 x 158 cm, bez. re. o.: A. Egger-Lienz München, 1897

Privatbesitz:
Das Gemälde entstand im Sommer 1897 in Lienz. 1898 war es erstmals in der Jubiläumsausstellung des Künstlerhauses Wien der Öffentlichkeit vorgestellt (Kat. Nr. 52).
Egger-Lienz nannte das Motiv auch "Für Gott, Kaiser und Vaterland" (vgl. W. Kirschl, Albin Egger-Lienz, Das Gesamtwerk, Wien 1977, S. 515).

Literatur: Tiroler Stimmen 1898, Nr. 124 und 127. - A. Ellmenreich, Der Schwur der drei Bundesgenossen von Tirol 1809. In: Über Land und Meer 1901/02, Nr. 21, S. 500, Abb. 498 (Holzstich von Fallscheer und Liederwald, München). - R. Granichstaedten - Czerva, Der Treueschwur zu Brixen. In: Tiroler Anzeiger 1928, H. Hammer, Albin Egger-Lienz, Innsbruck 1930, WV S. 265, Abb. S. 47. - W. Kirschl, Albin Egger-Lienz. Das Gesamtwerk, Wien 1977, S. 58, WV S. 515, M 114 mit Abb.
Dargestellt sind links Peter Kemenater, Wirt zu Schabs, in der Mitte Peter Mayr, der Wirt an der Mahr, und rechts Martin Schenck, der Kreuzwirt zu Brixen.

Joseph Rapp nennt in seinem Buch "Tirol im Jahre 1809" (nach Urkunden dargestellt), Innsbruck 1851, S. 492 die Ereignisse zu Brixen wie folgt: "Mayr und Haspinger kamen mit dem Sturmvolke am 2. August nach Brixen, nicht aber, um einer Prozession des heiligen Cassian beizuwohnen, da dessen Fest beinahe in die Mitte des Augustmonats fällt. Wenn sie den Schabser Wirth Peter Kemenater dort fanden, so hatte auch ihn Hofer's Botschaft dahin gerufen; aber ganz unrichtig ist es, daß diese drei Männer im Hause und Beisein des Kreuzwirthes Martin Schenk die Rettung des Vaterlandes beschlossen und erst in Folge dieses Beschlusses das Landvolk im Eisak- und Pusterthale aufboten." Trotzdem griff Egger-Lienz diese Zusammenkunft als Thema des Bündnisses auf.
Die Komposition der Dreiergruppe beim Schwur war besonders in der schweizerischen Historienmalerei vorgeprägt, erstmals beim "Rütlischwur" von Johann Heinrich Füßli, 1779, später bei Hieronymus Heß, bei Jean-Léonard Lugardon 1833, Ernst Stückelberg 1881 in der Tellkapelle am Urnersee oder bei Jean Renggli d. Ä. 1898: bei allen Beispielen sind in heroischem Sinn die zum Schwur erhobenen Arme dominierend. Albin Egger-Lienz setzt die Vereinigung der Hände zum Bündnis in den szenischen Mittelpunkt.

DAS KREUZ, 1898/1901

Öl auf Leinwand, 312 x 384 cm
bez. re. u.: A. Egger Lienz 1901

Innsbruck, Tiroler Landesmuseum Ferdinandeum, Inv. Nr. Gem. 1189 (Leihgabe des Landes Tirol)

Die Vorstudien und das Gemälde sind zwischen Anfang Oktober 1898 und Spätwinter 1900/01 in Sarnthein, Lienz, München und Wien entstanden. Egger-Lienz datiert das fertiggestellte Bild mit 1901, zum ersten Male war es auf der XXVIII. Jahresausstellung des Künstlerhauses Wien (Kath. Nr. 314) ausgestellt, Egger erhielt dafür die große goldene Staatsmedaille.
W. Kirschl konnte 3 Entwürfe in Öl (M 129 - 131), eine Wiederholung in Öl (M 150), 20 Ölstudien (M 132 - 149, 642) und 19 Zeichnungen (Z 247 - 264, 550) nachweisen und damit erläutern, wie sehr sich Egger mit der Modellierung nach lebenden Modellen in Sarnthein auseinandergesetzt hat.
Titelbild zu R. Bartsch, Der Volkskrieg in Tirol, Wien 1905

Literatur: Innsbrucker Nachrichten 1903, Nr. 130, S. 18 - Fr. Kranewitter, Das Kreuz von Alb. Egger-Lienz. In: Tiroler Morgen-Zeitung 1908, Nr. 15, S. 2 ff. - C.H. Weigelt, Albin Egger-Lienz, Berlin 1914, WV S. 53, Tf. 5. - G. Nicodemi, Albino Egger-Lienz, Brescia 1925, WV S. 32, Abb. III. - J. Soyka, A. Egger-Lienz, Leben und Werk, Wien 1925, WV S. 61, Abb. 3 - H. Hammer, Albin Egger-Lienz, Innsbruck 1930, WV S. 267, Abb. S. 58. - F. Kollreider, Albin Egger-Lienz, Innsbruck 1963, S. 50/51, Nr. 18 - Katalog Albin Egger-Lienz, Tiroler Landesmuseum Ferdinandeum, Innsbruck 1976, S. 13, Kat. Nr. 13, Abb. 6. - W. Kirschl, Albin Egger-Lienz. Das Gesamtwerk, Wien 1977, S. 59 ff., M 128, Abb. S. 67. - Albin Egger-Lienz, mit einem Essay von K. Sotriffer, Wien 1983, S. 16, Abb. 16.

Thema des Bildes ist der Aufruf des Freiburger Studenten Georg Hauger zur Verteidigung der Lienzer Klause 1809. Joseph Rapp beschreibt in seinem Buch "Tirol im Jahre 1809", Innsbruck 1851, S. 542 das Ereignis:

"Hauger kam mit einem Theile seiner Kompagnie und mit mehreren anderen versprengten Schützen zu einem Bauernhause, wo eine Menge Stürmer um ein an der Mauer hängendes Krucifix knieten und beteten. Mit jungendlichem Feuer rief er sie auf, mit ihm der Klause zu Hilfe zu eilen, und da sie, wie es schien, mißmuthig, nicht gleich aufstanden, riß er das Kreuz von der Mauer, hob es hoch empor und beschwor alle Anwesenden, für die heilige Religion und zur Rettung des Vaterlandes noch den letzten Versuch zu wagen. Dieß wirkte. Hauger eilte mit dem Kreuze voran durch einen schmalen Steig der Klause zu und alle Bewaffnete folgten ihm mit Begeisterung. Ein imposanter Kreuzzug!!!

Trotz der literarischen Bindung an den Text von Rapp fand Egger-Lienz durch die asymmetrische, keilförmige Komposition, die Dichte der drängenden Masse und den bewußt gewählten Szenenausschnitt Dramatik und Bewegung. Das statisch-bühnenhafte Konzept des "Ave Maria nach der Schlacht am Bergisel" ist hier zugunsten eines "lebendigen Bildes" gewichen. Als Vorbild für die Darstellung des Kreuzes diente Egger der spätgotische Kruzifixus von Hans Klocker in der Pfarrkirche St. Andrä in Lienz. Egger-Lienz gewinnt in diesem Bildwerk eine Distanz zum Historienbild der Münchener Schule.

Innsbrucker Nachrichten 1903, Nr. 130, S. 18:

... gerade bei einem solchen Werke, dessen Wirkung zum allergrößten Teile in der wuchtigen Realistik liegt, werden wir von vornherein zum Vergleiche mit der Wirklichkeit hingedrängt. Die historische Begebenheit liegt nun allerdings nahezu ein Jahrhundert zurück, aber im wesentlichen ist sich der Tiroler Bauer, ausgenommen vielleicht in der Nähe der Städte, gleich geblieben und konnte der Künstler seine Modelle unter seinen Zeitgenossen finden. Wir sind daher ohne weiters in der Lage den Realismus des Künstlers nachzuprüfen; wenn wir nun die einzelnen Gestalten vornehmen, so kommt man zum Schlusse, daß sie in dieser Hinsicht vielfach meisterhaft genannt werden müssen. Die Köpfe des rechten Kreuzträgers, des vorstürmenden Mannes unmittelbar hinter diesem, sowie überhaupt der Kämpfer in den vordersten Reihen, zeigen die ganze Skala gewaltiger, seelischer Affekte in unerschöpflicher Mannigfaltigkeit, von männlicher Begeisterung bis zum Fanatismus spiegeln sich alle seelischen Emotionen in diesen Gesichtern.

Die ganze äußere Anlage, die Komposition des Bildes geht auf höchste dramatische Wirkung hinaus; durch das Kreuz gewinnt die in keilförmiger Ordnung vordringende Schar einen inneren und äußeren Einigungspunkt und dadurch erhebt sich dieses Werk bedeutend gegenüber dem früheren, mehr ins Breite gehenden "Ave Maria" (1896). Der Beschauer steht an Stelle des Feindes, die Bauern - voran der Mann mit der bereits bluttriefenden Sense - stürmen direkt auf ihn los, das steigert den Eindruck des Werkes aufs höchste, denn so und nur auf diese Weise ließ sich die Illusion in dem vom Künstler beabsichtigten Maße hervorrufen, denn an uns vorbeistürmende Scharen werden uns stets kalt lassen, weshalb auch die meisten Schlachtenbilder beim Publikum wenig Anklang finden.

Franz Kranewitter, Das Kreuz von Alb. Egger-Lienz. In: Tiroler Morgen-Zeitung 1908, Nr. 15, S. 3:

Schauen wir nun hin auf dies "Kreuz". Wahrhaftig, wären alle anderen Dokumente, die uns von jener gewaltigen Zeit von 1809 erzählen, verschwunden, in ihm allein lebte sie wieder auf mit all ihren Schrecken, aber auch mit all ihrem Licht. Ein ganzes, von einer Idee berauschtes, von einer Idee erfülltes, ja besessenes Volk im Ansturm gegen die Feinde. Im Kreuzesholz mit dem goldbronzenen Herrgott, das ein Haufe verzweifelnder Bauern in höchster Not vom Feldrain gerissen und nun in schreien-

der, fletschender Wildheit, mit erstarrenden Augen und wehendem Haar, einem gewaltigen Mäher mit seiner Sense voran, einen Hang hinab gegen die Feinde trägt, flammt sie symbolisch auf. Ein Zug von solch einer Größe und solch welthistorischem Tiefblick, wie er selten, selbst den höchsten gegönnt ist. Mit einem Worte möchte ich sagen darzustellen, was sonst Bände erheischt. Das treibende Element hineinzuversetzen, mitten in die lauteste, wildeste Bewegung, die belebende Idee zugleich zur Aktion zu gestalten, sie zum Hammer selbst werden zu lassen, so daß es gewissermaßen nicht mehr ein menschlicher Arm und menschliche Leidenschaft, sondern die ergrimmte Gottheit selbst ist, die ihre Spötter und Feinde niederschlägt und vernichtet. Und das alles wie zufällig, nur eine Episode, aber mit solch einer grimmen Wucht, solch einer grandiosen Geberde des Vortrages, wie ich sie wenigstens noch nirgends gesehen. Diese Bauern, so wahr und echt in jedem einzelnen Zug, sind in ihrer Gesamtheit nicht mehr Menschen, es ist die entfesselte Natur selbst, wie sie in einer Lawine, einer Muhre herabwettert von den Bergen, alles, was sich ihr entgegenstellt, vernichtend, zerschmetternd.

HASPINGER ANNO NEUN, 1908/09

Kasein auf Leinwand, 265 x 456 cm, bez. re. u.: A. Egger-Lienz 1909

Lienz, Museum Schloß Bruck, Inv. Nr. AEL 36

Das Gemälde entstand im Auftrag der Gemeinde St. Martin in Gsies (Pustertal) zur Ausstattung der Schützenhalle, zur Finanzierung steuerten die Gemeinde 3000 Kronen, das Ministerium für Kultus und Unterricht 4000 Kronen bei, über Vermittlung von Landeshauptmann Kathrein wurden die noch fehlenden 1000 Kronen aus einem Fonds beigestellt.
Die ersten Studien zum Thema entstanden im Sommer 1908 in Längenfeld im Ötztal, die Komposition war in Kohle auf einer Hausmauer skizziert. Egger-Lienz schuf das Gemälde von Herbst 1908 bis Mai 1909 in Wien. Am 19. Juli 1909 wurde das Gemälde nach St. Martin in Gsies überstellt, wo es am 19. September 1909 im Rahmen einer Haspinger-Feier enthüllt wurde.
Das Bild war zuvor auf der XXXIII. Frühjahrsausstellung der Wiener Secession (Kat. Nr. 14) 1909 zum ersten Mal gezeigt, 1912/13 wurde es auf zahlreichen Ausstellungen in Deutschland als Leihgabe ausgestellt.
W. Kirschl konnte im Werkverzeichnis sechs Studien in Öl (M 249 - 254) und 3 Zeichnungen (Z 313 - Z 315) sowie den malerischen Entwurf von 1908 (M 229 b) feststellen.
Ein ähnliches Motiv gestaltete Egger-Lienz für das Plakat des 1. Tiroler Andreas Hofer-Vereins in Wien, 1909.

Literatur: Tiroler Morgen-Zeitung 1908, Nr. 5. - I.W., Das Haspingerbild von Egger-Lienz. In: Tiroler Anzeiger 1909, Nr. 62, S. 9. - Die Haspinger in St. Martin in Gsies. In: Tiroler Anzeiger 1909, Nr. 205, S. 5. - Das Haspinger Denkmal in Gsies. In: Tiroler Anzeiger 1909, Nr. 215, S. 1 ff. - Erdgeist, Illustrierte Wochenschrift mit Katalog zur XXXIII Frühjahrsausstellung der Wiener Secession, 1909, Nr. 14, Abb. S. 399. - C.H. Weigelt, Albin

A EGGER-LIENZ

Egger-Lienz, Berlin 1914, WV S. 54, Tf. 26. - G. Nicodemi, Albino Egger-Lienz, Brescia 1925, WV S. 33, Abb. XII. - J. Soyka, Albin Egger-Lienz, Leben und Werk, Wien 1925, WV S. 62, Abb. 8. - H. Hammer, Albin Egger-Lienz, Innsbruck 1930, WV S. 271, Abb. S. 91. - F. Kollreider, Albin Egger-Lienz, Innsbruck 1963, S. 60/61, Abb. 23. - W. Kirschl, Albin Egger-Lienz, Das Gesamtwerk, Wien 1977, S. 143 ff., Abb. S. 147, WV M 248. - Albin Egger-Lienz, mit einem Essay von K. Sotriffer, Wien 1983, S. 19, Abb. 47.

Nach Egger-Lienz' eigenen Angaben zeigt das Motiv wie "P. Haspinger auf dem Bergisel mit Kreuz und Schwert in den Händen an der Spitze einer Truppe von Landesverteidigern einen letzten, gewaltigen, erfolgreichen Vorstoß gegen den Feind ausführt."
W. Kirschl konnte im Sammelband Eggers den eingeklebten Holzstich nach dem Gemälde von Juien Le Blant "Aufstand der Royalisten in der Vendée", 1879, m. R. als Anregung zur Komposition des Haspinger-Bildwerkes nachweisen. Egger-Lienz verstärkt die dramatische Bewegung durch den Bildausschnitt und die klare plastische Formulierung. Die Parallelität, die sich im "Ave Maria nach der Schlacht am Bergisel" und vor allem im "Kreuz" angedeutet hatte, ist hier durch die Reihe der Männer betont. Hier hat Egger-Lienz die Tradition des Historienbildes im Sinn des 19. Jahrhunderts überwunden. Egger schreibt von Weimar aus an Otto Kunz 1913: "Mein Haspinger ist gerade in seiner Losschälung von allem historischem, konvenzionellen, Episodenhaften vielleicht das beste Schlachtenbild, was überhaupt je gemalt wurde. In welchen andern Bilde findest Du das Tema (den springenden Punkt) so konsequent durchgeführt. Denn da es sich bei mir nicht um ein dekoratives Gemälde handelte, konzentrierte ich alles auf den Charakter des Temas, Muth, Entschlossenheit, Begeisterung. Dadurch daß ich die Figuren so einzeln und doch eine Phalanx von wandelnde Heldengeister (ist das nicht Shakespearisch?) herabkommen lies, glaube ich den Ton der Schlacht wie noch keiner vor mir getroffen zu haben. "Ein Heldenlied" wie das Nibelungenlied. Beim Bilde "Das Kreuz" war ich noch nicht so weit, zwar war da auch schon viel mehr "Dichtung" vorhanden als beim Menzel [188]. Und das soll nicht monumental sein? Stelle Dir die hodlerischen Mandlbogen dagegen vor." (zitiert nach W. Kirschl, 1977, S. 148).

Leo Trotzkij hat als Korrespondent einer russischen Zeitung vor allem das Haspinger-Gemälde in einer Ausstellungsbesprechung hervorgehoben: "In diesen Sälen, in denen vor nicht gar so langer Zeit russische Maler Gemälde ausgestellt hatten, die nur sehr wenig russisches an sich hatten, veranstalten jetzt die Österreicher die Jahresschau ihrer Malerei und Plastik, die nur sehr wenig österreichisches an sich hat... Den hervorragendsten Platz nimmt auf der Ausstellung Albin Egger-Lienz ein, merken Sie sich seinen Namen. Früher oder später werden Sie es sowieso tun müssen.... In diesem Jahr hat er ein eben erst vollendetes Kolossalgemälde ausgestellt... Eine furchterregende menschliche Woge!... Was einen an dem Gemälde sofort packt, ist seine innere Geschlossenheit. Große Gemälde wirken gewöhnlich unruhig, weil sie durch ihre erdrückende Fülle an Details das Auge nicht zur Ruhe kommen lassen und die Aufmerksamkeit verzetteln. Bei Egger gibt es nichts Überflüssiges. Er hält sich keinen Augenblick bei Einzelheiten auf. Die Farben sind ohne Nuancen, die Schatten der Gestalten nur schematisch angedeutet. Das ganze Gemälde - Gesichter, Hände, nackte Knie, Kleidung, die Erde unter den Füßen - ist in einer Art Ziegelton gehalten. Die Zeichnung ist sicher, hart, fast grob. Im Endergebnis aber - eine vollständige Überwindung der Schwierigkeiten und Widersprüche eines großen Gemäldes: Es ist gesammelt und konzentriert, und die Gestalt des heroischen Mönchs zieht als der dramatische und künstlerische Mittelpunkt des ganzen Gemäldes mühelos ungeteilte Aufmerksamkeit auf sich".

JOSEF SPECKBACHER, 1912

Öl auf Leinwand, 113 x 88 cm, bez. li. u.: Egger-Lienz

Innsbruck, Tiroler Landesmuseum Ferdinandeum, Inv. Nr. Gem. 1913 (Leihgabe des Landes Tirol)

Wie die Bildnisse Hofers und Haspingers befand sich dieses Gemälde ehemals im Besitz von Josef Trebo (1918). Eine wohl zu diesem Bild gehörende Studie zum Kopf Speckbachers nennt W. Kirschl, Z 525, WV S. 616. Die Entstehung ist lt. Mitteilung von W. Kirschl aufgrund eines Briefzitates Eggers in das Jahr 1912 zu belegen.

Literatur: H. Hammer, Albin Egger-Lienz, Innsbruck 1930, WV S. 272. - W. Kirschl, Albin Egger-Lienz. Das Gesamtwerk, Wien 1977, M 256, WV S. 531, Abb. S. 532.

Die Halbfigur Speckbachers ist eine bildgetreue Übernahme des Konzeptes des Gemäldes von 1895 im Bergisel-Museum in Innsbruck. Vor neutralem Hintergrund wird nun die Figur in einfacher, hart modellierter, aber plastischer Gestaltung gemalt. Das energische Antlitz, das bereits im früheren Bildnis geprägt erscheint, hat sich durch die knappe Malformulierung verstärkt.
Egger-Lienz hat auch später sein Porträtvokabular kaum verändert, wie die Festscheibe "Speckbacher" im Museum Schloß Bruck in Lienz zeigt (W. Kirschl, M 622, WV S. 572).
Josef Speckbacher, geboren 1767 auf dem Unterspeckhof bei St. Martin im Gnadenwald, war der militärisch begabteste, kühnste und in seiner Art genialste Tiroler Schützenkommandant (E. Egg). In den Bergisel-Schlachten stand er meistens dem rechten Flügel der Tiroler vor, während Haspinger den linken Flügel befehligte. Speckbacher starb 1820 in Hall in Tirol.

Egger Lienz

PATER HASPINGER, 1912

Öl auf Leinwand, 116 x 92 cm, bez. li. o.: 18 Haspinger 09; re. u.: Egger Lienz

Innsbruck, Tiroler Landesmuseum Ferdinandeum, Inv. Nr. Gem. 1911 (Leihgabe des Landes Tirol)

Das Gemälde befand sich früher im Besitz von Josef Trebo (1918). Im April 1913 war es zum ersten Male in Meran ausgestellt. Zum Kopf Haspingers ist eine Kreideskizze (38,6 x 27,9 cm; W. Kirschl, Z 314) erhalten. Das Entstehungsjahr 1912 geht aus einem Brief Egger-Lienz hervor (Mitteilung W. Kirschl).

Literatur: H. Hammer, Albin Egger-Lienz, Innsbruck 1930, WV S. 272. - W. Kirschl. Albin Egger-Lienz. Das Gesamtwerk, Wien 1977, M 257, WM S. 531, Abb. S. 532.

Pater Joachim (Johann Simon) Haspinger, geboren 1776 in St. Martin in Gsies, trat 1802 dem Kapuzinerorden bei, war seit 1805 als Priester tätig und wirkte seit 1811 als Weltpriester. Er war neben Andreas Hofer und Josef Speckbacher der bedeutendste Anführer im Freiheitskampf 1809. Zum Sieg in der Sachsenklemme am 4. und 5. August trug er entscheidend bei. In den Bergisel-Schlachten übernahm er stets den linken Flügel der Tiroler. Er wirkte maßgeblich am Entschluß Andreas Hofers am 29. Oktober 1809 in Schönberg mit, den Kampf trotz des Friedens von Wien fortzusetzen. Pater Haspinger führte noch in den Auseinandersetzungen mit dem Feind am Küchelberg und in St. Leonhard in Passeier die Tiroler, floh dann aber nach Wien, wo er im Umraum der Kaiserstadt und in Niederösterreich als Priester wirkte. Er starb 1858 in Salzburg.

18 HASPINGER 09

ANDREAS HOFER, 1911/12

Öl auf Leinwand, 115,5 x 90 cm, bez. li. o.: Egger-Lienz

Innsbruck, Tiroler Landesmuseum Ferdinandeum, Inv. Nr. Gem. 1912 (Leihgabe des Landes Tirol)

Das Bild befand sich ehemals im Besitz von Josef Trebo (1918) und war erstmals im April 1913 in Meran ausgestellt. - Eine Wiederholung des Gemäldes aus dem Jahre 1923 befindet sich in Privatbesitz (W. Kirschl M. 589, WV S. 568 f.).
Die Datierung ist lt. Mitteilung von W. Kirschl aufgrund eines Briefzitates Eggers fixiert.

Literatur: Ein Bild Andreas Hofers. In: Tiroler Anzeiger 1911, Nr. 126, S. 6. - H. Hammer, Albin Egger-Lienz, Innsbruck 1930, WV S. 272. - O. Kollreider, Albin Egger-Lienz, Innsbruck 1963, S. 64/65, Nr. 25. - W. Kirschl, Albin Egger-Lienz. Das Gesamtwerk, Wien 1977, M 255, WV S. 531, Abb. S. 532.

Zusammen mit den beiden anderen Bildwerken der Tiroler Freiheitskämpfer steht das Gemälde des Andreas Hofer als markantes Beispiel einer neuen Stilsprache bei Egger-Lienz, die sich im "Totentanz" und im "Haspinger Anno Neun" geäußert hatte. In bewußter Frontalität hat Egger in klarer, fester Umrißlinie die Figur Hofers in das Bildfeld eingestellt und in monumental-plastischer Art gemalt. Fern einer heldenhaft-heroischen Interpretation ist Hofer eher in einer persönlich-privaten Sphäre mit den in seinen Ranzen eingesteckten Händen gebildet. Im Gegensatz dazu dominiert das Heroische in den anderen Bildwerken des Speckbacher und Haspinger. Das Gemälde erinnert auch an das ganzfigurige Hofer-Bild von Franz Defregger, 1897 (Bergisel-Museum, Innsbruck), das Egger kopiert hatte (heute in Privatbesitz).

Andreas Hofer, geboren am 22. November 1767 auf dem Sandhof in St. Leonhard in Passeier, wo er später Wirt, Wein-, Branntwein- und Pferdehändler war. 1796 wurde er Korporal in einer Meraner Kompanie, bereits 1797 Hauptmann der Ersten Passeirer Landsturmkompanie. Am 15. März 1809 wurde er - vermutlich ohne sein Wissen - in den Adelsstand erhoben. Am 16. Mai 1809 wurde Hofer in Sterzing zum Oberkommandanten von Tirol berufen. Am Berg Isel schlug er mit seinen Vertrauten und Bauern sowie mit einem Teil der österreichischen Truppen des General von Buol die Schlachten vom 25. und 29. Mai siegreich und zog als Sieger am 30. Mai in Innsbruck ein. Auch nach dem Waffenstillstand vom 12. Juni in Znaim rief er zum Widerstand auf. Er zog als Oberkommandant aller Tiroler ohne Unterstützung der österreichischen Truppen zum Berg Isel, wo er am 13. August einen glanzvollen Sieg errang. Am 15. August bis zum 21. Oktober übernahm Hofer die Regentschaft über Tirol. Am 29. September erhielt er die vom Kaiser verliehene Ehrenkette mit Medaille. Trotz des Friedensvertrages von Wien setzte Hofer den Widerstand fort, wozu er vor allem von Pater Haspinger ermuntert wurde. Die Berg-Isel-Schlacht am 1. November 1809 wurde für die Tiroler zur Niederlage. Nach Siegen am Küchelberg bei Meran am 16. November und nach der Bezwingung der Feinde in St. Leonhard im Passeier sah er sich gezwungen, sich in den Höhen der Berge zu verbergen (Pfandleralm), nachdem ein Kopfgeld von 1500 Gulden ausgesetzt war. Am 28. Jänner 1810 wurde er zusammen mit seiner Familie und seinem Sekretär Kajetan Sweth verhaftet, zusammen mit Sweth am 5. Februar nach Mantua gebracht und nach der Gerichtsverhandlung vom 19. Februar am 20. Februar erschossen.

Eggerlienz

DER TOTENTANZ VON ANNO NEUN, 1921

Öl auf Holz, 129,5 x 151 cm, bez. u.: Egger Lienz 1921

Lienz, Museum Schloß Bruck, Inv. Nr. AEL 58

Späte Wiederholung des Totentanzes von 1908/09, weitgehend der 2. Fassung (W. Kirschl, WV M 348) entsprechend. W. Kirschl konnte insgesamt 15 Gemälde zum Thema "Totentanz Anno Neun" nachweisen. Egger-Lienz gestaltete das Titelbild der Deutschen Alpenzeitung 1909 mit einem Detail (Kopf des mittleren Kriegers) aus dem Totentanz.

Literatur: (auch zum Motiv und den ersten Fassungen des Totentanzes) K. Domanig, Der Totentanz - Albin Egger-Lienz. In: Tiroler Anzeiger 1908, Nr. 239, S.1. - Jos. Prunbauer, Der Totentanz von Anno Neun. In: Tiroler Morgen-Zeitung 1909, Nr. 51, S. 1 f. - Innsbrucker Nachrichten 1909, Nr. 24 und 30. - J. Garber, Das Bauernbild. In: Der Schlern 1923, S. 200 ff., Abb. S. 198. - J. Soyka, A. Egger-Lienz, Leben und Werk, Wien 1925, WV S. 64, Abb. 32. - H. Hammer, Albin Egger-Lienz, Innsbruck 1930, WV S 283, Abb. S. 210. - F. Kollreider, Albin Egger-Lienz, Innsbruck 1963, S. 62/63, Abb. 24. - W. Kirschl, Albin Egger-Lienz. Das Gesamtwerk, Wien 1977, S. 120 ff., Abb. S. 130, WV M 518.

Der "Totentanz von Anno Neun" ist in der Tradition der Historienbilder ein Anti-Kriegsbild, das nur noch von den späteren Kriegsbildern zum Ersten Weltkrieg, vor allem vom "Finale" (1918) in der Negierung der heroischen Bildsprache übertroffen wird. Die Gruppe der vier Männer - angeführt vom Tod - wird zu einem Mahnbild des Elends und der Tragik kriegerischer Auseinandersetzungen. Die vom Schlachtfeld Heimkehrenden kommen nicht als Sieger (vgl. Franz von Defregger), sie kommen als menschlich Erniedrigte zurück, sie sind keine Heroen. Und dennoch gestaltete Egger-Lienz dieses Thema in der historischen Orientierung auf das Jahr 1809 des Tiroler Freiheitskampfes. Mit seinen Kompositionen des "Kreuzes" begann der Weg des Historienbildes aus der Tradition des 19. Jahrhunderts, im "Totentanz" und im "Haspinger Anno Neun" erreichte die neue Sprache ihren Durchbruch. - Im Zug der Gruppe hat sich Egger-Lienz an Vorbilder von Meunier und Rodin gehalten, diese Erinnerung aber schon im Gemälde "Nach dem Friedensschluß", 1902, ausgedrückt.

K. Domanig, Der Totentanz - Albin Egger-Lienz. In: Tiroler Anzeiger 1908, Nr. 239, S. 1 f.

Der Feind ist im Land, unten im Tale hält der Tod reiche Ernte. Da hat es ihn gelüstet, auf die Berge zu steigen, um auch dort sich seine Opfer zu holen, dort oben, wo nur spärlich mehr die Gerste gedeiht und die magere Weide kaum noch den Fleiß der Älpler lohnt. Der Himmel von unheimlichem Weiß bedeckt, ein Stück roten Gewölkes kündet das Wehen des Föhns. Die kahle Matte hinab bewegt sich ein Zug von vier rüstigen Männergestalten; ihr Anführer, ihr Dränger ist der Tod. Gewaltig schreitet das schreckliche Gerippe aus; er hat sich eingehackt in den ersten und zieht ihn vorwärts. Alle Schrecken des nahen Todes, alles Entsetzen des Sterbens malt sich auf diesem vom breiten Filzhut beschatteten Gesicht; widerstandslos, wie der schlaff herabhängende Arm es anzeigt, folgt der Mann. Die Rechte hält ein schweres Beil, mit dem er vielleicht noch sein Leben verteidigen wird...
Hinter ihm zu seiner Linken der zweite: eine elastische Gestalt voll grimmiger Entschlossenheit. Er trägt einen Morgenstern geschultert und scheint sich zu verlieren in die Schrecken der Schlacht, er ist gewillt, sein Leben teuer zu verkaufen.
Knapp dahinter der dritte: ein Buckeliger, der zeitlebens wenig gute Tage gesehen, ein Knecht, an Gehorsam gewöhnt, nichts kennend als die Erfüllung der herben Pflicht. Und pflichtgetreu, ohne Mur-

ren, blindlings, mit geschlossenen Augen, zieht er in sein Verderben.
Der vierte und letzte - man könnte zur Annahme versucht sein, daß der Künstler in seinen Gestalten die vier Temperamente darstellen wollte - dieser letzte hängt noch der Erinnerung nach an die Seinen, die ihm vielleicht einen Scheidegruß nachschicken. Er sieht zurück, es reißt ihn förmlich zurück, seine Hütte wird in der Nähe stehen, da auf dem Bilde noch ein Stück Stadel sichtbar ist, der, wie auf Alpen häufig, auf einem großen Stein, einem Findling aufgesetzt ist.
Alle Gefühle, die ein gesundes Menschenherz in der Nähe des Todes umklammern: starres Entsetzen, bitterer Ingrimm, apathische Ergebung bis zur wehmutsvollen Trauer spiegeln sich in dieser Gruppe, die plastisch, wie aus Erz gegossen, vor uns steht. Das ist der Mensch in der Nähe seines Todes!
Daß es Tiroler sind, an denen der Künstler das Los der Sterblichen darstellt, zeigt ihre ganze Erscheinung: es sind Typen jener urwüchsigen Älpler, die man in die Zeit der Invasion der Römer versetzen möchte, wenn nicht die Tracht, wenn nicht die Büchse, die der eine geschultert trägt, daran erinnerten, daß sie vor kaum mehr als etwa einem Jahrhundert gelebt haben können. Ja, es sind Tiroler von Anno Neun und eben dieser Hintergrund der großen Freiheitskämpfe ist es, der, wie ich sogleich darlegen werde, diesem Totentanz seine Besonderheit verleiht.
Man muß, um das Bild nicht mißzuverstehen, genau festhalten an dem Thema, das der Künstler sich gesteckt hat. Man sage also nicht: so gedrückt, so widerstrebend sind die Tiroler Helden wohl nicht in den Krieg gezogen, vielmehr mit Trommel und Pfeife und hellem Jauchzen. Nein, nicht wie sie in den Krieg gezogen, nicht die Rauflust und die Siegeshoffnung der Tiroler hat der Künstler darstellen wollen, sondern wie sie dem gewissen Tode unmittelbar gegenüberstehen. Und da hat noch keiner gejauchzt und keiner sich gefreut.

Jos. Prunbauer, Der Totentanz von Anno Neun. In: Tiroler Morgen-Zeitung 1909, Nr. 5, S. 1 f.:

Der Tiroler Aufstand von 1809 war mehr, weit mehr als ein unfruchtbarer Totentanz und niemals ist dieses Symbol ungeeigneter angewendet worden, als für diese streitbare Zeit... Die Figuren sind in derb naturalistischer Weise gezeichnet. Die Köpfe der lebensmüden Wanderer nach den Originalen, wie sie in den Totenkammern der Hospitäler gesehen und studiert werden können, ausgeführt. Das Bild ist eine Folge seiner sorgfältig durchgeführten Charaktere und infolge seiner Stimmung sehr ernst zu nehmen.

Ausschnitt aus: Der Totentanz von Anno Neun, 1921

FOTONACHWEIS

J. Blauel - Artothek München
Foto Chizzali, Innsbruck
Foto Dina Mariner, Lienz
Foto Linster, Innsbruck
Foto Otto, Wien
Tappeiner Werbefoto, Lana/Meran